Nuova collana a cura di Eduardo Rescigno

Giuseppe Verdi

Falstaff

Commedia lirica in tre atti

di

Arrigo Boito

Testi a cura di Eduardo Rescigno

Avvertenza. Ripubblichiamo qui senza varianti, se non di ordine tipografico, il libretto stampato in occasione della prima rappresentazione dell'opera al Teatro alla Scala di Milano il 9 febbraio 1893 ("FALSTAFF / Commedia Lirica in tre atti / di / Arrigo Boito / Musica di / Giuseppe Verdi / Teatro alla Scala / Stagione 1892-93. / Impresa Piontelli & C. / [fregio] / Milano / G. Ricordi & C. / Roma – Napoli – Palermo – Parigi – Londra / (Printed in Italy) / Copyright 1893 by G. Ricordi & Co."). Le più significative varianti fra il libretto e la partitura autografa sono segnalate nelle note al libretto, con la sigla PA. I riferimenti alle fonti del libretto, la commedia *The Merry Wives of Windsor* (1597 ca.) e il dramma storico in due parti *Henry IV* (1596-97 ca.) di William Shakespeare, sono basati sulla traduzione francese di François-Victor Hugo utilizzata da Boito (Paris, Pagnerre Libraire-Editeur, 1864), con indicazione di atto, scena e verso o linea. In qualche caso viene citato il testo che leggeva Verdi, cioè la traduzione italiana di Carlo Rusconi (Padova, Minerva, 1838); infine i riferimenti al testo originale inglese sono basati su *The Arden Shakespeare*, London, Methuen (*The Merry Wives of Windsor* a cura di H. J. Oliver, 1971, *1 Henry IV* e *2 Henry IV* a cura di A. R. Humphreys, 1967).

Casa Ricordi, Milano
© 1991 by CASA RICORDI - BMG RICORDI S.p.A.
Tutti i diritti riservati - All rights reserved
Printed in Italy

135600
ISBN 88-7592-098-2

RISTAMPA 1997

Indice

Il compositore

Giuseppe Verdi nasce il 10 ottobre 1813 alle Roncole di Busseto (Parma). L'istruzione elementare la riceve dal parroco delle Roncole, don Pietro Baistrocchi, che gli insegna anche a suonare l'organo, tanto che potrà esercitare ben presto le funzioni di organista; dal 1824 frequenta a Busseto il ginnasio diretto da don Pietro Seletti, e prende lezioni di musica da Ferdinando Provesi, maestro di cappella e organista, nonché direttore della scuola di musica. Incomincia a scrivere pezzi per banda e a dare lezioni, e con l'aiuto di un ricco commerciante di coloniali di Busseto, Antonio Barezzi, nel 1832 si trasferisce a Milano, dove vorrebbe entrare nel Conservatorio. Ma il regolamento gli è contrario e la domanda viene respinta; diventa quindi allievo privato dell'operista Vincenzo Lavigna, maestro al cembalo del Teatro alla Scala. Nel 1836 torna a Busseto, dove viene nominato maestro di musica del Comune, e sposa Margherita Barezzi, dalla quale avrà due figli (moglie e figli moriranno fra il 1838 e il 1840).

Al principio del 1839 si stabilisce a Milano, e alla fine di quello stesso anno esordisce felicemente sulle scene della Scala con la sua prima opera, *Oberto conte di San Bonifacio*. Dopo un passo falso nel genere comico (*Un giorno di regno*, 1840), si impone definitivamente al pubblico milanese con *Nabucco* (1842) e *I Lombardi alla prima Crociata* (1843), in cui delinea un tipo di opera corale di grande momento nella Lombardia prequarantottesca. Con la quinta opera destinata alla Fenice di Venezia, *Ernani* (1844), afferma una nuova concezione teatrale, un teatro che vede l'uomo in lotta contro gli avvenimenti, nella cornice di un dramma scolpito con l'immediatezza plastica della melodia, con il ritmo scandito da un'orchestra essenziale. Questo modello di teatro viene costruito pezzo per pezzo nel corso di quelli che Verdi stesso chiamerà gli "anni di galera": anni di lavoro duro, alla ricerca del successo nei maggiori teatri d'Italia, ma anche alla ricerca delle condizioni per realizzazioni sempre più accurate, non solo a livello creativo, ma anche per quanto riguarda la scelta dei cantanti, gli allestimenti, l'esecuzione. Nel 1846 una grave malattia rallenta l'attività, e permette un più meditato contatto con un soggetto shakespeariano, il *Macbeth* (1847) destinato alla Pergola di Firenze. Ma il lavoro riprende intensissimo, e nello stesso 1847 Verdi affronta due importanti palcoscenici esteri: il Her Majesty's di Londra con *I Masnadieri*, e l'Opéra di Parigi con *Jérusalem*, adattamento francese dei *Lombardi*.

Sul finire del 1847, Verdi si è stabilito a Parigi, con Giuseppina Strepponi (che sposerà nel 1859), e l'anno seguente acquista la proprietà di Sant'Agata presso Busseto; e a Busseto si stabilirà nell'estate del 1849. La produzione operistica è sempre molto intensa, destinata ai teatri di Napoli, Roma, Trieste. Nel 1851 torna alla Fenice di Venezia con *Rigoletto*, e nel 1853, a pochi mesi uno dall'altro, *Il Trovatore* al Teatro Apollo di Roma e *La Traviata* alla Fenice di Venezia concludono un periodo di intensissima attività. Verso la fine dello stesso anno, Verdi e la Strepponi si stabiliscono nuovamente a Parigi.

Più il teatro verdiano diventa popolare ed eccita l'entusiasmo, più il suo creatore sembra nascondersi in un riserbo che è sempre più geloso, soprattutto a partire dalla metà del secolo; nello stesso tempo, la sua creazione si fa più lenta, più meditata, e il compositore dedica cure particolari alle nuove opere, sia dal punto di vista librettistico che da quello scenico e registico. Il risultato di questa nuova visione del mestiere teatrale è evidente nel diminuito numero di nuove opere, ma soprattutto nell'allargata visione drammaturgica che ora accoglie anche nuovi spunti di comicità o di ironia, nel confluire di molteplici interessi culturali, e nell'elaborazione di una scrittura duttile e sfumata che non ha però perso in spontaneità e immediatezza. Per l'Opéra di Parigi scrive *Les Vêpres Siciliennes* (1855), per la Fenice di Venezia il *Simon Boccanegra* (1857), per il Teatro Nuovo di Rimini l'*Aroldo* (1857), rifacimento di un'opera precedente, *Stiffelio* (1850); infine, per il Teatro Apollo di Roma *Un ballo in maschera* (1859). Lasciata definitivamente Parigi, Verdi e la moglie vivono ora stabilmente nella villa di Sant'Agata, e trascorrono l'inverno a Genova. Nel

1860 Verdi è nella lista dei liberali moderati di Borgo San Donnino (ora Fidenza), e viene eletto deputato: parteciperà alle sedute della Camera, a Torino, anche per una diretta sollecitazione di Cavour; ma nel 1863 abbandonerà l'attività parlamentare. Alcune delle nuove opere di questi anni gli vengono commissionate da teatri esteri, come *La forza del destino* (1862) per il Teatro Imperiale di Pietroburgo, il rifacimento del *Macbeth* (1865) per il Théâtre Lyrique di Parigi, il *Don Carlos* (1867) per l'Opéra di Parigi. Nel 1869, con una edizione riveduta della *Forza del destino*, riprende la collaborazione con la Scala, interrotta fin dal lontano 1845. Il 1871 è l'anno di *Aida*, che va in scena al Cairo in una cornice molto fastosa e mondana, alla presenza di molti principi regnanti; manca però Verdi, già alle prese con la prima italiana, che gli sta molto più a cuore, destinata alla Scala (1872).

Nel 1873 compone il *Quartetto* per archi, e nel 1874 viene eseguita la *Messa di Requiem* nel primo anniversario della morte di Manzoni; nello stesso anno Verdi viene nominato senatore. Nel 1881 presenta alla Scala un rifacimento del *Simon Boccanegra*, che segna l'inizio della collaborazione con lo scrittore Arrigo Boito, su libretto del quale ha già cominciato a scrivere *Otello*, che vedrà la luce nello stesso teatro nel 1887. Nel 1889 acquista un terreno alla periferia di Milano, dove fa costruire dall'architetto Camillo Boito la Casa di Riposo per Musicisti, che doterà di un cospicuo lascito. Nel 1893, sempre alla Scala, prima rappresentazione del *Falstaff*. Nel 1897 gli muore la moglie e nello stesso anno Verdi compone lo *Stabat Mater*, che conclude la serie dei "Quattro pezzi sacri", comprendenti le *Laudi alla Vergine Maria* (1886), l'*Ave Maria* (1889) e il *Te Deum* (1895). Nel dicembre del 1900 si stabilisce a Milano, all'Hôtel Milan, dove muore il 27 gennaio 1901.

Cronologia delle opere di Verdi

1. Oberto conte di San Bonifacio

Dramma in due atti, libretto di Antonio Piazza adattato da Temistocle Solera (in origine si trattava probabilmente di un libretto intitolato *Rochester* o *Lord Hamilton*, per il quale Verdi aveva composto la musica nel 1836, riutilizzata poi per l'*Oberto*).
I rappresentazione: Milano, Teatro alla Scala, 17 novembre 1839.

2. Un giorno di regno (ossia *Il finto Stanislao*)

Melodramma giocoso in due atti, libretto di Felice Romani, tratto dalla commedia *Le faux Stanislas* di Alexandre Pineux-Duval, libretto scritto per Adalbert Gyrowetz (1818) col titolo *Il finto Stanislao*, adattato con alcuni tagli.
I rappresentazione: Milano, Teatro alla Scala, 5 settembre 1840.

3. Nabucodonosor (Nabucco)

Dramma lirico in quattro parti, libretto di Temistocle Solera, tratto dal dramma *Nabuchodonosor* (1836) di Auguste Anicet-Bourgeois e Francis Cornu.
I rappresentazione: Milano, Teatro alla Scala, 9 marzo 1842.

4. I Lombardi alla prima Crociata

Dramma lirico in quattro atti, libretto di Temistocle Solera, tratto dal poema omonimo (1826) di Tommaso Grossi.
I rappresentazione: Milano, Teatro alla Scala, 11 febbraio 1843.

5. Ernani

Dramma lirico in quattro parti, libretto di Francesco Maria Piave, tratto dal dramma *Hernani* (1830) di Victor Hugo.
I rappresentazione: Venezia, Teatro La Fenice, 9 marzo 1844.

6. I due Foscari

Tragedia lirica in tre atti, libretto di Francesco Maria Piave, tratto dal poema *The Two Foscari* (1821) di George Gordon Byron.
I rappresentazione: Roma, Teatro Argentina, 3 novembre 1844.

7. Giovanna d'Arco

Dramma lirico in un prologo e tre atti, libretto di Temistocle Solera, tratto dalla tragedia *Die Jungfrau von Orleans* (1801) di Friedrich Schiller.
I rappresentazione: Milano, Teatro alla Scala, 15 febbraio 1845.

8. Alzira

Tragedia lirica in un prologo e due atti, libretto di Salvatore Cammarano, tratto dalla tragedia *Alzire* (1736) di Voltaire.
I rappresentazione: Napoli, Teatro San Carlo, 12 agosto 1845.

9. Attila

Dramma lirico in un prologo e tre atti, libretto di Temistocle Solera, con aggiunte e modifiche di Francesco Maria Piave, tratto dalla tragedia *Attila, König der Hunnen* (1808) di Zacharias Werner.
I rappresentazione: Venezia, Teatro La Fenice, 17 marzo 1846.

10. Macbeth

Melodramma in quattro atti, libretto di Francesco Maria Piave, con interventi di Andrea Maffei, tratto dalla tragedia *Macbeth* (1605-06) di William Shakespeare.
I rappresentazione: Firenze, Teatro La Pergola, 14 marzo 1847.

11. I Masnadieri

Melodramma in quattro parti, libretto di Andrea Maffei, tratto dal dramma *Die Räuber* (1781) di Friedrich Schiller.
I rappresentazione: Londra, Her Majesty's Theatre, 22 luglio 1847.

12. Jérusalem

Rifacimento francese di *I Lombardi alla prima Crociata* (1843).
Opera in quattro atti, libretto di Alphonse Royer e Gustave Vaëz.
I rappresentazione: Parigi, Opéra, 26 novembre 1847.
I rappresentazione italiana (col titolo *Gerusalemme*, libretto tradotto da Calisto Bassi): Milano, Teatro alla Scala, 26 dicembre 1850.

13. Il Corsaro

Melodramma in tre atti, libretto di Francesco Maria Piave, tratto dal poema *The Corsair* (1814) di George Gordon Byron.
I rappresentazione: Trieste, Teatro Grande, 25 ottobre 1848.

14. La battaglia di Legnano

Tragedia lirica in quattro atti, libretto di Salvatore Cammarano, tratto dal dramma *La bataille de Toulouse* di Joseph Méry.
I rappresentazione: Roma, Teatro Argentina, 27 gennaio 1849.

15. Luisa Miller

Melodramma tragico in tre atti, libretto di Salvatore Cammarano, tratto dalla tragedia *Kabale und Liebe* (1784) di Friedrich Schiller.
I rappresentazione: Napoli, Teatro San Carlo, 8 dicembre 1849.

16. Stiffelio

Melodramma in tre atti, libretto di Francesco Maria Piave, tratto dal dramma *Le Pasteur, ou l'Evangile et le Foyer* (1848) di Emile Souvestre ed Eugène Bourgeois.
I rappresentazione: Trieste, Teatro Grande, 16 novembre 1850.

17. Rigoletto

Melodramma in tre atti, libretto di Francesco Maria Piave, tratto dal dramma *Le Roi s'amuse* (1832) di Victor Hugo.
I rappresentazione: Venezia, Teatro La Fenice, 11 marzo 1851.

18. Il Trovatore

Dramma in quattro parti, libretto di Salvatore Cammarano, completato da Leone Emanuele Bardare, tratto dal dramma *El Trovador* (1836) di Antonio Garcia Gutiérrez.
I rappresentazione: Roma, Teatro Apollo, 19 gennaio 1853.

19. La Traviata

Melodramma in tre atti, libretto di Francesco Maria Piave, tratto dal dramma *La Dame aux camélias* (1852) di Alexandre Dumas fils.
I rappresentazione: Venezia, Teatro La Fenice, 6 marzo 1853.

20. Les Vêpres Siciliennes

Opera in cinque atti, libretto di Eugène Scribe e Charles Duvéyrier, tratta dal libretto *Le Duc d'Albe* (1839) di Eugène Scribe, scritto per Gaetano Donizetti.
I rappresentazione: Parigi, Opéra, 13 giugno 1855.
I rappresentazione italiana (col titolo *Giovanna de Guzman*, libretto tradotto da Arnaldo Fusinato): Parma, Teatro Ducale, 26 dicembre 1855.

21. Simon Boccanegra

Melodramma in un prologo e tre atti, libretto di Francesco Maria Piave, con interventi di Giuseppe Montanelli, tratto dal dramma *Simon Bocanegra* (1843) di Antonio Garcia Gutiérrez.
I rappresentazione: Venezia, Teatro La Fenice, 12 marzo 1857.

22. Aroldo

Rifacimento dello *Stiffelio* (1850).
Melodramma in quattro atti, libretto di Francesco Maria Piave.
I rappresentazione: Rimini, Teatro Nuovo, 16 agosto 1857.

23. Un ballo in maschera

Melodramma in tre atti, libretto di Antonio Somma, tratto dal libretto *Gustave III, ou Le Bal masqué* (1833) di Eugène Scribe, scritto per Daniel Auber.
I rappresentazione: Roma, Teatro Apollo, 17 febbraio 1859.

24. La forza del destino

Melodramma in quattro atti, libretto di Francesco Maria Piave, tratto dal *Don Alvaro, o La fuerza del sino* (1835) di Angel de Saavedra, e dal dramma *Wallensteins Lager* (1796) di Friedrich Schiller.
I rappresentazione: Pietroburgo, Teatro Imperiale, 10 novembre 1862.

25. Macbeth

Rifacimento del *Macbeth* (1847).
Melodramma in quattro atti, libretto di Francesco Maria Piave e Andrea Maffei, tradotto in francese da Charles-Louis-Etienne Nuitter e Alexandre Beaumont.
I rappresentazione: Parigi, Théâtre Lyrique, 21 aprile 1865.
I rappresentazione italiana: Milano, Teatro alla Scala, 28 gennaio 1874.

26. Don Carlos

Opera in cinque atti, libretto di Joseph Méry e Camille Du Locle, tratto dalla tragedia *Don Carlos, Infant von Spanien* (1787) di Friedrich Schiller.
I rappresentazione: Parigi, Opéra, 11 marzo 1867.
I rappresentazione italiana (col titolo *Don Carlo*, libretto tradotto da Achille De Lauzières): Bologna, Teatro Comunale, 27 ottobre 1867.

27. La forza del destino

Nuova versione di *La forza del destino* (1862).
Opera in quattro atti, libretto di Francesco Maria Piave, con modifiche di Antonio Ghislanzoni.
I rappresentazione: Milano, Teatro alla Scala, 27 febbraio 1869.

28. Aida

Opera in quattro atti, libretto di Antonio Ghislanzoni, su un soggetto di Auguste Mariette elaborato da Camille Du Locle e Giuseppe Verdi.
I rappresentazione: Il Cairo, Teatro dell'Opera, 24 dicembre 1871.
I rappresentazione italiana: Milano, Teatro alla Scala, 8 febbraio 1872.

29. Simon Boccanegra

Rifacimento del *Simon Boccanegra* (1857).
Melodramma in un prologo e tre atti, libretto di Francesco Maria
Piave, con modifiche di Arrigo Boito.
I rappresentazione: Milano, Teatro alla Scala, 24 marzo 1881.

30. Don Carlo

Nuova versione del *Don Carlos* (1867).
Opera in quattro atti, libretto di Joseph Méry e Camille Du Locle,
traduzione italiana di Achille De Lauzières e Angelo Zanardini.
I rappresentazione: Milano, Teatro alla Scala, 10 gennaio 1884.
Terza versione in cinque atti:
I rappresentazione: Modena, Teatro Comunale, dicembre 1886.

31. Otello

Dramma lirico in quattro atti, libretto di Arrigo Boito, tratto dalla
tragedia *Othello* (1604-05) di William Shakespeare.
I rappresentazione: Milano, Teatro alla Scala, 5 febbraio 1887.

32. Falstaff

Commedia lirica in tre atti, libretto di Arrigo Boito, tratto dalla commedia *The Merry Wives of Windsor* (1597 ca.) e il dramma storico in due parti *Henry IV* (1596-97 ca.) di William Shakespeare.

I rappresentazione: Milano, Teatro alla Scala, 9 febbraio 1893.

    Falstaff: Victor Maurel, baritono
    Ford: Antonio Pini-Corsi, baritono
    Fenton: Edoardo Garbin, tenore
    D.r Cajus: Giovanni Paroli, tenore
    Bardolfo: Paolo Pelagalli-Rossetti, tenore
    Pistola: Vittorio Arimondi, basso
    M.rs Alice Ford: Emma Zilli, soprano
    Nannetta: Adelina Stehle, soprano
    M.rs Quickly: Giuseppina Pasqua, mezzo-soprano
    M.rs Meg Page: Virginia Guerrini, mezzo-soprano
    L'Oste della Giarrettiera: Attilio Pulcini
    Scene: Adolfo Hohenstein, realizzate da Giovanni Zuccarelli
    Costumi: Adolfo Hohenstein, realizzati dalla Ditta Luigi Zamperoni
    Maestro del coro: Giuseppe Cairati
    Direttore d'orchestra: Edoardo Mascheroni

Il librettista

Arrigo Boito nasce a Padova il 24 febbraio 1842; il padre Silvestro era pittore e miniaturista, la madre, Giuseppina Radolinska, una contessa polacca. Separatisi i genitori nel 1844, Arrigo, insieme al fratello maggiore Camillo (che diventerà scrittore e architetto), trascorre i primi anni di vita a Venezia, dove si iscrive alle Scuole Tecniche e studia musica con Luigi Plet e Giovanni Buzzolla, fratello del noto operista Antonio. Nell'autunno del 1853 Arrigo, insieme alla madre, si stabilisce a Milano e si iscrive al Conservatorio, dove ottiene una borsa di studio, frequentando i corsi di pianoforte, di violino e di composizione sotto la guida di Alberto Mazzucato. Per il saggio del 1860 scrive il testo della cantata *Il quattro giugno*, che viene musicata da Franco Faccio (prima parte: *I martiri*) e dallo stesso Boito (seconda parte: *La profezia*). L'anno seguente, terminando gli studi musicali, Boito e Faccio si presentano nuovamente insieme, con il "mistero" *Le sorelle d'Italia*, versi di Boito, musica di Faccio (prologo e prima parte) e di Boito (seconda parte).

Nel 1861 Boito si trasferisce a Parigi, dove conosce Rossini, Berlioz, Gounod, Auber, e scrive per Verdi i versi dell'*Inno delle Nazioni* (1862). Quindi torna a Milano, dove viene accolto nell'ambiente della Scapigliatura, e scrive articoli di critica musicale e teatrale per i periodici "La Perseveranza", "Figaro", di cui è direttore nel 1864 con Emilio Praga, "Giornale della Società del Quartetto", "Il Politecnico", "Gazzetta Musicale di Milano" e altri. Nel 1863 fa rappresentare a Torino una commedia scritta con Emilio Praga, *Le madri galanti*, e nel 1865 si rappresenta a Genova l'opera *Amleto* di Franco Faccio, su un libretto che Boito ha scritto già da qualche anno; sempre nel 1865 scrive la fiaba in versi *Re Orso*, e l'anno successivo pubblica la novella *L'Alfiere nero*, cui segue, nel 1868, l'altra novella *Iberia*. Sempre nel 1868 alla Scala di Milano cade clamorosamente l'opera *Mefistofele* di cui Boito ha scritto sia il libretto che la musica.

Negli anni immediatamente successivi Boito si dedica soprattutto alla traduzione ritmica di libretti stranieri, quasi sempre

usando lo pseudonimo di Tobia Gorrio: fra gli altri il *Rienzi* e il
Tristano e Isotta di Wagner. Nello stesso periodo scrive due libretti
per altri compositori, *Iràm* (1873 ca.) per Cesare Dominiceti, non
musicato, e *Un tramonto* (1873) destinato a Gaetano Coronaro per
il saggio finale al Conservatorio di Milano, mentre la novella
Trapezio pubblicata dalla "Rivista minima" (1873-74) resta incom-
pleta. Forse in questo stesso periodo scrive il libretto *Ero e
Leandro* con l'intenzione di musicarlo, ma il progetto viene accan-
tonato, e il libretto è poi ceduto a Giovanni Bottesini (1879) e in
seguito, con alcune modifiche, a Luigi Mancinelli (1896).

Nel 1875 trionfa a Bologna una versione completamente rifatta
del *Mefistofele*, e Boito sembra volersi nuovamente dedicare alla
composizione, progettando subito l'opera *Nerone*, di cui inizia
lentamente a scrivere il libretto; ma solo questo verrà portato a
compimento e pubblicato nel 1901, mentre l'opera sarà rappresen-
tata postuma nel 1924, completata da Antonio Smareglia e Vincenzo Tommasini. Nel 1875 scrive per il saggio finale di Alfredo
Catalani al Conservatorio di Milano il libretto di *La falce*, e l'anno
successivo coglie uno dei suoi maggiori successi con il libretto di
La Gioconda per Amilcare Ponchielli. Il 1876 è anche l'anno del
libretto *Semira*, destinato al compositore Luigi Sangermano, non
musicato. Nel 1877 pubblica *Il libro dei versi*, e scrive il libretto
Pier Luigi Farnese che sarà in seguito musicato da Costantino
Palumba e nel 1891 andrà in prova al Teatro Costanzi di Roma,
ma non sarà rappresentato.

Vent'anni dopo il lontano incontro del 1862 per *L'Inno delle
nazioni*, Boito collabora nuovamente con Verdi modificando
ampiamente il libretto *Simon Boccanegra* di Francesco Maria
Piave, in vista di una ripresa dell'opera alla Scala di Milano nel
1881. La collaborazione prosegue con i libretti dell'*Otello* (1887) e
del *Falstaff* (1893). In questo periodo di intensa attività verdiana,
si inserisce l'episodio della relazione sentimentale con l'attrice
Eleonora Duse, protrattosi fra il 1887 e il 1898; per lei Boito
tradusse l'*Antonio e Cleopatra* di Shakespeare, rappresentato a

partire dal 1888. E probabilmente in questi stessi anni Boito scrive il libretto in dialetto veneziano *Basi e bote*, forse con l'intenzione di musicarlo lui stesso; il progetto sarà invece realizzato da Riccardo Pick-Mangiagalli nel 1914.

Dopo la morte di Verdi l'attività creativa di Boito si riduce quasi esclusivamente al lento lavoro di composizione del *Nerone*, che verrà lasciato incompleto. Muore a Milano il 10 giugno 1918.

La prima notizia certa relativa al *Falstaff* risale a due anni e mezzo dopo la prima rappresentazione dell'*Otello*, il 6 luglio 1889, quando Verdi, in una lettera indirizzata a Boito, commenta lo "schizzo", cioè la scaletta del libretto: e siamo quindi all'oscuro di tutta la fase preparatoria. Una fase che, comunque, si limitò a qualche mese, forse non più di tre. E questo, nonostante una frase di quella lettera del 6 luglio che farebbe credere il contrario: "due giorni fa [il *Falstaff* era] nel mondo dei sogni". In realtà, dalla lettera si comprende che già da qualche tempo fra Verdi e Boito si era parlato della nuova opera, poiché la fase di preparazione è già piuttosto avanzata.

Andando alla ricerca di qualche fatto che preceda quel 6 luglio 1889, possiamo appurare che Verdi fu a Milano nella seconda metà d'aprile 1889 (presumibilmente fra il 18 e il 25) e incontrò più volte Boito. Lo stesso Boito ce ne informa scrivendo alla Duse il 18 aprile: "Ho avuto una bella visita ma bella, ma bella. Indovinate. Sono venuti a chiamarmi e mi hanno detto: giù, nella cameretta c'è... Indovinate. Sono disceso. Abbiamo chiacchierato così bene. – E sono risalito. Ed eccomi qua. – È un uomo". Gli incontri, in quei giorni, furono numerosi, come lo stesso Boito c'informa scrivendo nuovamente alla Duse il 28 aprile: "La settimana scorsa vedevo sovente [Verdi]. È partito". Perché non pensare che già in quei giorni, e cioè intorno al 20 aprile 1889, si parlasse della nuova opera?

Alla fine di giugno Verdi è nuovamente a Milano per qualche giorno, diretto a Montecatini – città dalla quale scrive la lettera del 6 luglio –, e nuovamente incontra Boito. Probabilmente in quei giorni il progetto, già bene avviato in aprile, viene ulteriormente delineato, e lo schizzo, di cui Verdi fa cenno nella lettera, gli viene consegnato in quel momento. Però Verdi non lo legge subito, perché – è lo stesso Verdi che lo precisa nella lettera del 6 luglio – "prima di leggere il vostro schizzo ho voluto rileggere le Allegre Comari, le due parti dell'Enrico IV, e l'Enrico V". Evidentemente, Verdi si era portato con sé i drammi di Shakespeare, il che vuol dire che già da qualche tempo pensava al personaggio di Falstaff.

A distanza di più di un anno dai fatti narrati, Giulio Ricordi scrisse un articolo sulla "Gazzetta Musicale di Milano" (30 novembre 1890), dandoci una versione tipicamente operistica della nascita della nuova opera: "Il maestro da molti anni aveva esternato in varie occasioni ad alcuni intimi amici il desiderio di scrivere un'opera comica: ma riteneva pressoché insormontabile la difficoltà di trovare un soggetto il quale avesse carattere di spiccata comicità. Sappiamo infatti che Verdi aveva letto tutti i teatri comici italiani e francesi, senza trovare un argomento di sua piena soddisfazione. Essendo Verdi a Milano nell'estate dello scorso anno 1889, e parlando con Arrigo Boito appunto dell'opera comica, questi afferrò la palla al balzo e propose a Verdi un soggetto, e non solo propose, ma con rapidità meravigliosa si può dire che in poche ore abbozzò e presentò al maestro una tela: *Falstaff*, traendo questo tipico personaggio dalle varie commedie e drammi in cui lo ha presentato Shakespeare".

Bisogna nutrire molti dubbi sulla "rapidità meravigliosa" e sulle "poche ore" impiegate da Boito per stendere lo schizzo, data la complessità della elaborazione. E poi, non è neppure vero che Verdi cercasse invano da anni un tema per un'opera comica, perché già da molto tempo egli aveva associato l'idea di un'opera comica con il soggetto shakespeariano. Infatti, in una lettera a Gino Monaldi del 3 dicembre 1890, da Genova, scrive: "Sono quarant'anni che desidero scrivere un'opera comica, e sono cinquant'anni che conosco *Le allegre comari di Windsor*". E molto probabilmente nel 1868 aveva discusso con Ghislanzoni di un libretto sullo stesso tema; la notizia era trapelata per l'indiscrezione di un giornale milanese, ma la smentita da parte di Ghislanzoni venne con tale ritardo da far pensare che in realtà ci fosse qualcosa di vero: "in un foglio cittadino alcuni mesi or sono – scriveva Ghislanzoni sulla "Gazzetta Musicale di Milano" – è apparsa la notizia d'un nuovo spartito di Verdi sotto il titolo di

Falstaff, con libretto di Ghislanzoni. – È un giornale dell'avvenire – esso fabbrica notizie per i posteri, non importa che i contemporanei ne ridano". In quanto a Verdi, si era limitato a negare il progetto soltanto in una lettera a Opprandino Arrivabene, da Genova, il 28 luglio 1868: "e ti dirò [...] 3° che non scrivo il *Falstaff* né altre opere".

L'interesse di Verdi per quel personaggio era tanto radicato, che prende corpo l'idea che fosse stato lui a proporlo a Boito, e non il contrario. Una persona molto vicina a Verdi, addirittura la moglie Giuseppina, ne è convinta, come si legge in questa lettera del 28 dicembre 1890 a Giuseppe De Sanctis, da Genova: "Io ho l'obbligo anzi il desiderio di ricambiare a voi e alla vostra famiglia i più cordiali auguri di felicità completa per lunghi, lunghissimi anni, ma non potrei farvi il regalo (come voi dite) di alcun dettaglio sul *Falstaff*. Verdi per dar pascolo alla sua attività e per divertirsi cercava e vagheggiava un soggetto di opera buffa (non buffona) e la sua scelta cadde su Falstaff. Boito il maestro-poeta, a cui ne aveva fatto cenno, glielo presentò sotto le forme, proporzioni e condizioni volute per un'opera, e Verdi lo sta scrivendo. Lo finirà, non lo finirà? lo darà, non lo darà? È nelle possibilità dell'avvenire, ma nessuno potrebbe dirlo, neppure lui stesso, ecco tutto. Lo scopo era di occuparsi divertendosi, Verdi si occupa e si diverte".

Questa lettera riflette, nelle osservazioni finali, proprio le parole che Verdi amava ripetere in quei mesi, sul tipo di "non so nemmeno se finirò... ripeto, mi diverto"; oppure "quando la finirò? Chi lo sa! La finirò? Mah!!!"; o ancora "se sarà, sarà; e sarà quel che sarà!"; ed è quindi giusto accettare il suggerimento che Giuseppina ci offre, e cioè che fu Verdi a proporre a Boito il soggetto shakespeariano, e non viceversa.

Un soggetto che, nelle mani di Boito, viene sottoposto a una elaborazione molto complessa e abile, come già si è detto. Il librettista si serve dell'impianto scenico della commedia *The Merry Wives of Windsor*, riducendo i personaggi, semplificando la trama e spesso anche mutando l'ordine delle scene e delle battute. Ma, per modellare il suo eroe, Boito si basa soprattutto sui due drammi storici *King Henry IV*, parte prima e parte seconda. Una prodigiosa contaminazione che distacca totalmente questo libretto dai precedenti sullo stesso personaggio, da quello di Defranceschi per la musica di Salieri (1795) a quello di Mosenthal per la musica di Nicolai (1849), quest'ultimo perfettamente noto a Boito e a Verdi.

Intorno al protagonista Boito costruisce un ambiente che, per molti aspetti, si distacca dalle *Merry Wives* shakespeariane, e semmai tiene presente la loro ipotetica fonte italiana, cioè una novella del *Pecorone* (I, 2) di Ser Giovanni Fiorentino, o un'altra delle *Piacevoli notti* (IV, 4) di Giovan Francesco Straparola, senza contare i molteplici spunti offerti dal *Decamerone*. Infatti, quello che le Comari e Ford fanno, il senso delle parole che dicono, sono riconducibili a Shakespeare; ma il tono è quello di una stilizzata, impalpabile conversazione da corte trecentesca fiorentina, rivista con gli occhi di chi, come Boito o come suo fratello Camillo, sogna una restaurazione medievaleggiante, a base di amor cortese e di madrigali, molto lontana dalla sanguigna scurrilità shakespeariana. Un'angolazione perfettamente riconosciuta da Boito, anche se lui la attribuiva soprattutto alla musica di Verdi: "Venez, venez cher ami, – scriveva Boito al critico Camille Bellaigue – venez entendre ce chef d'oeuvre; venez vivre pendant deux heures dans les jardins du Decameron et respirer des fleurs qui sont des notes et des brises qui sont des timbres". Chi conosce bene Shakespeare, e in particolare le *Merry Wives*, sa bene che non c'è da respirare fiori e brezze; semmai, riconosciamo in questi oggetti i motivi vegetali del nascente stile floreale.

Per la sua elaborazione Boito ha sempre usato la traduzione francese di François-Victor Hugo, ma ha anche consultato il testo originale, mentre Verdi si è sempre riferito alla traduzione italiana di Carlo Rusconi. I ventidue personaggi della commedia sono stati ridotti a dieci (più tre che non cantano). Fra i personaggi eliminati da Boito figurano Shallow, giudice di campagna, suo cugino Abraham Slender, e il parroco gallese sir Hugh Evans. Questi tre personaggi sono rifusi nel libretto nel dr. Cajus, che nella commedia è il medico francese Doctor Caius. Altro importante personaggio eliminato è George Page, marito di Meg, che fa il paio con l'altro borghese di Windsor, Frank Ford. Inoltre nella commedia Falstaff ha al suo seguito, oltre a Bardolph e Pistol, anche Nym. La Nannetta del libretto è figlia di Alice Ford, per Shakespeare è invece figlia di Margaret Page, e si chiama Anne. Inoltre M.rs Quickly nella commedia è la governante del Doctor Caius. Una modifica vistosa riguarda il numero delle burle e i matrimoni in maschera del finale. Le burle sono, nella commedia, tre: la prima è quella della cesta; la seconda è quella della bastonatura da parte di Ford, mentre Falstaff è travestito nei panni di una vecchia cameriera grassa in odore di stregoneria; la terza infine è quella della punzecchiatura. Queste ultime due burle sono fuse nel libretto in una sola. Nella commedia i pretendenti di Anne Page sono tre: Abraham Slender, che ha l'appoggio del padre della ragazza, e nella scena finale sposerà un postiglione; il Doctor Caius che ha l'appoggio della madre di Anne e verrà sposato a un ragazzo; infine Fenton, che riesce a sposare Anne facendosi aiutare dall'Oste della Giarrettiera.

Boito termina la fase preparatoria, dopo un fitto scambio di corrispondenza con Verdi, a metà agosto 1889, e passa subito alla stesura del libretto. Il primo atto viene consegnato all'inizio di settembre, il secondo all'inizio di novembre, il terzo, di più faticosa gestazione, all'inizio di marzo 1890. Verdi comincia la composizione già a metà agosto, schizzando la fuga finale e, lavorando intensamente, già il 17 marzo 1890 termina il primo atto. Poi si prende una lunga vacanza, e solo a ottobre si rimette al lavoro, ma con molte pause, tanto che fino al marzo 1891 i progressi sono minimi. Poi il lavoro riprende, ma non più con la rapidità di prima, tanto è vero che soltanto nella tarda estate del 1892 l'opera sarà terminata.

Verdi, che certamente ha dato segni di stanchezza nel corso della stesura del II e specie del III atto, ritrova invece tutto l'entusiasmo e l'energia di un tempo nella fase di allestimento dell'opera, che cura in tutti i minimi particolari: nella scelta dei cantanti, nella loro preparazione, senza trascurare i problemi della scenografia, dell'allestimento e dell'orchestra. Fino all'ultimo momento ritocca la partitura, e in modo particolare l'orchestrazione, che vuole particolarmente leggera, per dare spazio alla parola.

Il successo alla prima rappresentazione del 9 febbraio 1893 era un fatto scontato, data la celebrità del vecchio compositore; ma, al di là dell'evento mondano, che fu certamente clamoroso sotto ogni riguardo, l'opera non fu del tutto compresa dal pubblico, ormai allettato dal più immediato richiamo dell'opera verista. Il successo del *Falstaff* fu invece costruito soprattutto dall'opinione concorde, e spesso entusiasta, della critica, sia italiana che straniera.

Falstaff

Commedia lirica in tre atti

libretto di
Arrigo Boito

musica di
Giuseppe Verdi

Personaggi

	Sir John Falstaff	[baritono]
	Ford, marito d'Alice	[baritono]
	Fenton	[tenore]
	D.r Cajus	[tenore]
Bardolfo		[tenore]
	seguaci di Falstaff	
Pistola		[basso]
	M.rs Alice Ford	[soprano]
	Nannetta, figlia d'Alice	[soprano]
	M.rs Quickly	[mezzo-soprano]
	M.rs Meg Page	[mezzo-soprano]
	L'Oste della Giarrettiera	
	Robin, paggio di Falstaff	
	Un paggetto di Ford	

**Borghesi e Popolani – Servi di Ford.
Mascherata di folletti, di fate, di streghe, ecc.**

Scena: Windsor.

Epoca: Regno di Enrico IV d'Inghilterra.[1]

La presente commedia è tolta dalle *Allegre Comari di Windsor*
e da parecchi passi dell'*Enrico IV* risguardanti il personaggio di Falstaff.

1. Enrico IV fu re d'Inghilterra dal 1399 al 1413. In *The Merry Wives* non ci sono precisi riferimenti storici; ma, poiché il personaggio di Falstaff era stato creato da Shakespeare per i drammi storici legati alla figura del re Enrico IV, ed era morto nel corso del regno di Enrico V (1413-1422), da qui deriva la precisazione temporale di Boito. Windsor, cittadina del Berkshire, 36 km. a ovest di Londra, fu residenza di Edoardo il Confessore (1042-1066), poi di Guglielmo I (1066-1087) che vi fece costruire il castello; Edoardo III nel 1344 lo ricostruì come luogo di riunione del nuovo ordine dei cavalieri della Giarrettiera da lui istituito.

Il riassunto del libretto

Atto I, parte I. Nell'osteria della Giarrettiera, Falstaff sta terminando di scrivere due lettere, quando giunge il dottor Cajus, che lo accusa di avere picchiato i suoi servi e rovinato la giumenta. Non avendone avuta soddisfazione, il dottor Cajus affronta Bardolfo e Pistola, i servi di Falstaff, rei di averlo fatto bere per poterlo derubare. I servi respingono l'accusa, e il dottor Cajus esasperato si allontana. Ora Falstaff fa il conto dei pochi soldi che gli rimangono, e incarica i due servi di recapitare le lettere che ha appena scritto: una ad Alice, moglie del ricco borghese Ford, l'altra a Meg. Falstaff spera così, conquistando le due donne, di rimpinguare il borsellino ormai vuoto. Ma Bardolfo e Pistola ricusano l'incarico, che incrinerebbe la loro dignità di uomini d'onore. Falstaff furente consegna le due lettere a un paggio dell'osteria, e scaccia a colpi di scopa Bardolfo e Pistola, non senza aver loro spiegato il labile significato della parola "onore".

Atto I, parte II. In un giardino presso la casa di Ford, Meg e l'amica Quickly incontrano Alice che sta uscendo di casa con la figlia Nannetta: Alice e Meg hanno appena ricevuto le lettere che ha loro inviato Falstaff e, confrontandole, si accorgono ridendo che sono identiche. Decidono subito di punire l'anziano e grasso corteggiatore, e mentre stanno meditando la burla, entrano Ford e il dottor Cajus, che vengono informati da Bardolfo e Pistola sulle pericolose intenzioni di Falstaff, mentre Fenton, unitosi al gruppo degli uomini, cerca di trovare i momenti opportuni per appartarsi con Nannetta, di cui è innamorato. A Ford l'idea di vedersi crescere in testa un ingombrante paio di corna non piace affatto, e quindi si allontana con gli altri uomini per studiare la vendetta; nel frattempo le donne hanno già stabilito che Quickly in veste di mezzana si presenterà a Falstaff per fissargli un appuntamento con Alice e Meg. Con l'impegno di ritrovarsi l'indomani per la grande burla, anche le donne si allontanano.

Atto II, parte I. Bardolfo e Pistola sono tornati all'osteria della Giarrettiera a chiedere perdono a Falstaff, e gli annunciano la visita di una donna. È Quickly, la quale informa il cavaliere che Alice Ford lo aspetta in casa sua, approfittando di una assenza del marito, dalle due alle tre. In quanto a Meg, l'appuntamento deve essere rimandato, perché il marito di lei non si assenta mai. Falstaff congeda la donna, e si compiace di aver ancora fortuna con le donne, malgrado l'età avanzata. Ma ora rientrano Bardolfo e Pistola ad annunciare la visita di un uomo, un certo Fontana, cioè Ford travestito. Costui, dopo aver consegnato a Falstaff un borsa piena di denaro, gli fa una strana proposta: egli, innamorato di Alice, non riesce a scalfirne la virtù, e chiede alla consumata esperienza di Falstaff di prepararargli la strada alla conquista. Falstaff accetta la proposta, tanto più che è già vicino alla conquista: oggi stesso, dalle due alle tre, stringerà fra le sue braccia Alice. Detto questo, si allontana per prepararsi all'appuntamento. Sconforto, delusione, desiderio di vendetta scuotono l'animo di Ford; ma Falstaff è già pronto, e i due uomini si allontanano a braccetto.

Atto II. parte II. Nella casa di Ford, Alice con le amiche si appresta a ricevere Falstaff, e intanto promette alla figlia Nannetta che lei sposerà Fenton, e non il dottor Cajus, come è nel progetto di Ford. Ora Alice è sola, e Falstaff si lancia alla sua conquista. Ma entra Quickly ad annunciare l'arrivo di Meg; Falstaff si nasconde dietro un paravento e Meg entra agitatissima, avvisando Alice che suo marito si avvicina, pazzo di gelosia. Questo è solo un trucco per spaventare Falstaff, ma dopo un attimo entra Quickly, a dire che Ford sta per giungere davvero, insieme ai suoi amici e seguito da una gran folla. Le donne, terrorizzate, nascondono Falstaff nel cesto della biancheria sporca, e comincia la caccia all'uomo. Nella confusione generale Nannetta e Fenton si nascondono dietro il paravento, a baciarsi e a dirsi parole d'amore. Approfittando di un

momento in cui Ford e gli altri uomini si sono allontanati, Alice
ordina ai servi di gettare la cesta fuori della finestra, e Ford giunge
appena in tempo per vedere il povero Falstaff precipitare
nell'acqua di un canale dove lavorano le lavandaie.

Atto III, parte I. Nell'osteria della Giarrettiera, Falstaff impreca
contro il mondo intero e trova conforto solo in un buon bicchiere
di vino caldo. Quando Quickly si presenta sulla soglia, egli la
vorrebbe scacciare; ma la donna gli assicura che Alice è innocente,
e gli fissa un nuovo appuntamento, questa volta nel bosco, accanto
alla quercia di Herne, a mezzanotte: egli dovrà presentarsi
travestito da Cacciatore Nero. Mentre Quickly spiega le modalità
dell'incontro, tutti gli altri spiano e preparano la grande burla a
Falstaff: una mascherata, con Nannetta travestita da Regina delle
Fate. Ford dà poi istruzioni al dottor Cajus, che nel corso della
mascherata farà sposare a Nannetta, ma Alice sta già
predisponendo le contromisure adatte.

Atto III, parte II. È notte, nei pressi della quercia di Herne:
Fenton canta una canzone d'amore, Nannetta risponde, mentre
Alice dà gli ultimi ritocchi al suo piano. Al suono della mezzanotte
entra Falstaff, e Alice gli si presenta; ma di nuovo l'eccitazione del
focoso cavaliere viene fermata, questa volta dall'arrivo delle fate.
Poiché chi le guarda muore, Falstaff si getta faccia a terra, e dopo
il canto della Regina delle Fate entrano tutti a pizzicare,
punzecchiare, calciare, tormentare il povero Falstaff sdraiato per
terra. Ma infine Falstaff riconosce Bardolfo, e a questo punto tutti
gettano la maschera; il cavaliere, dopo un attimo di smarrimento,
accetta la sconfitta con una cordiale risata. Ford allora invita la
Regina delle Fate e un uomo mascherato agli sponsali, mentre
Alice introduce altri due sposi, una fanciulla con un velo celeste e
un uomo in cappa e maschera. Ford benedice le due coppie di
sposi, e quando vengono tolti i veli e le maschere si accorge di aver

sposato il dottor Cajus con Bardolfo, e Fenton con Nannetta. Falstaff ride alle sue spalle, ma ormai non resta altro che accettare il nuovo parentado, non senza aver intonato, per ben chiudere la festa, un buon coro burlesco.

Atto primo

Parte prima

L'interno dell'Osteria della Giarrettiera.

Una tavola. Un gran seggiolone. Una panca.
Sulla tavola i resti d'un desinare, parecchie bottiglie e un bicchiere.
Calamaio, penne, carta, una candela accesa.
Una scopa appoggiata al muro.
Uscio nel fondo, porta a sinistra.

Falstaff, *D.r Cajus*, *Bardolfo*, *Pistola*, *l'Oste nel fondo.*

Falstaff è occupato a riscaldare la cera di due lettere
alla fiamma della candela, poi le suggella con un anello.
Dopo averle suggellate spegne il lume e si mette a bere
comodamente sdraiato sul seggiolone.

D.r Cajus *(entrando dalla porta a sinistra e gridando minaccioso)*
Falstaff!

Falstaff *(senza abbadare alle vociferazioni del D.r Cajus, chiama*
l'Oste che si avvicina)
    Olà!

Dr. Cajus *(più forte di prima)*
    Sir John Falstaff!!

Bardolfo *(al Dottore)*

        Oh! che vi piglia?!

D.r Cajus *(sempre vociando e avvicinandosi a Falstaff che non gli dà retta)*
Hai battuto i miei servi!…

Falstaff *(all'Oste, che esce per eseguir l'ordine)*

Oste! un'altra bottiglia

Di Xeres. [2]

D.r Cajus *(come sopra)*

Hai fiaccata la mia giumenta baia,[3]

Sforzata la mia casa.

Falstaff

Ma non la tua massaia.

D.r Cajus

Troppa grazia! Una vecchia cisposa. – Ampio Messere,
Se foste venti volte John Falstaff Cavaliere
V'obbligherò a rispondermi.

Falstaff *(con flemma)*

Ecco la mia risposta:

Ho fatto ciò che hai detto.[4]

D.r Cajus

E poi?

Falstaff

L'ho fatto apposta.

D.r Cajus *(gridando)*

M'appellerò al Consiglio Real.

---

2. In Shakespeare Falstaff beve abitualmente "sack", vino bianco delle Canarie; F.-V. Hugo traduce "Xérès", vino dolce di gradazione intorno ai 18° prodotto a Jerez de la Frontera, che gl'inglesi chiamano "sherry".
3. "Baia": qui, come in moltissimi altri casi, il libretto originale adotta invece la grafia con la "j" intervocalica.
4. PA: "Ho fatto quel che hai detto". *The Merry Wives* (I, 1, 107-08): "j'ai fait tout ça... Voilà ma réponse".

Falstaff

Vatti con Dio.
Sta' zitto o avrai le beffe; quest'è il consiglio mio.[5]

D.r Cajus *(ripigliando la sfuriata contro Bardolfo)*
Non è finita!!

Falstaff

Al diavolo!

D.r Cajus

Bardolfo!

Bardolfo

Ser Dottore.

D.r Cajus *(sempre con tono minaccioso)*
Tu, ier, m'hai fatto bere.

Bardolfo

Pur troppo! e che dolore!...
(si fa tastare il polso dal D.r Cajus)
Sto mal. D'un tuo pronostico m'assisti.[6] Ho l'intestino Guasto.
Malanno agli osti che dan la calce al vino![7]
(mettendo l'indice sul proprio naso enorme e rubicondo)
Vedi questa meteora?

D.r Cajus

La vedo.

---

5. *The Merry Wives* (I, 1, 110-11): "Le conseil que je vous donne, c'est de ne pas la faire connaître: on rira de vous".
6. Il D.r Cajus è medico, ce lo insegna *The Merry Wives*: per "pronostico" s'intende quindi prognosi.
7. La calce viene usata per togliere acidità al vino di mediocre qualità. In *1 Henry IV* (II, 4, 121-23) Falstaff si scaglia contro l'Oste che ha messo la calce nel vino: "Coquin! il y a de la chaux dans ce Xérès-là. Il n'y a que coquinerie chez l'homme infâme".

Bardolfo

                         Essa si corca

Rossa così ogni notte.

D.r Cajus *(scoppiando)*

                       Pronostico di forca!

M'hai fatto ber, furfante, con lui, narrando frasche,[8]

                  (indicando Pistola)

Poi, quando fui ben ciùschero,[9] m'hai vuotate le tasche.

Bardolfo *(con decoro)*

Non io.

D.r Cajus

        Chi fu?

Falstaff *(chiamando)*

            Pistola!

Pistola *(avanzandosi)*

              Padrone.

Falstaff *(sempre seduto sul seggiolone e con flemma)*

                    Hai tu vuotate

Le tasche a quel Messere?

D.r Cajus *(scattando contro Pistola)*

                  Certo fu lui. Guardate

Come s'atteggia al niego quel ceffo da bugiardo!

            (vuotando una tasca della giubba)

8. Frottole, sciocchezze.
9. Spagnolismo disusato (da *chusco*), per brillo.

Qui c'eran due scellini del regno d'Edoardo[10]
E sei mezze-corone. Non ne riman più segno.

Pistola (*a Falstaff dignitosamente brandendo la scopa*)
Padron, chiedo di battermi con quest'arma di legno.[11]
                    (*al Dottore con forza*)
Vi smentisco!

D.r Cajus
            Bifolco! tu parli a un gentiluomo!

Pistola
Gonzo!

D.r Cajus
        Pezzente!

Pistola
                Bestia!

D.r Cajus
                    Can!

Pistola
                        Vil!

D.r Cajus
                            Spauracchio!

Pistola
                                Gnomo!

---

10. PA: "del tempo d'Edoardo". Con molta indifferenza per la precisione storica, Falstaff intende scellini coniati durante il regno di Edoardo VI (1547-1553), che al tempo di Shakespeare valevano più del doppio del valore facciale.
11. *The Merry Wives* (I, 1, 146): "Sir John mon maître, – je demande à me battre avec ce sabre de bois".

D.r Cajus
Germoglio di mandràgora![12]

Pistola

Chi?

D.r Cajus

Tu.

Pistola

Ripeti!

D.r Cajus

Sì.

Pistola *(scagliandosi contro il Dottore)*
Saette!!!

Falstaff *(al cenno di Falstaff, Pistola si frena)*
Ehi là! Pistola! Non scaricarti qui.
(chiamando Bardolfo, che s'avvicina)
Bardolfo! Chi ha vuotate le tasche a quel Messere?

D.r Cajus *(subito)*
Fu l'un dei due.

Bardolfo *(con serenità indicando il D.r Cajus)*
Costui beve, poi pel gran bere
Perde i suoi cinque sensi,[13] poi ti narra una favola
Ch'egli ha sognato mentre dormì sotto la tavola.

---

12. PA: "mandragola". Anche nella fiaba *Re Orso*, Boito preferisce la grafia "mandragora".
13. *The Merry Wives* (I, 1, 157-59): "Eh bien, monsieur, je dis, pour ma part, que ce gentleman, à force de boire, avait perdu ses cinq sentences".

Falstaff *(al D.r Cajus)*
L'odi? Se ti capaciti, del ver tu sei sicuro.[14]
I fatti son negati. Vattene in pace.

D.r Cajus

                                Giuro
Che se mai mi ubbriaco[15] ancora all'osteria
Sarà fra gente onesta, sobria, civile e pia.[16]

(esce dalla porta a sinistra)

Bardolfo e **Pistola** *(accompagnando buffonescamente sino all'uscio il D.r Cajus e salmodiando)*
Amen.

Falstaff
        Cessi l'antifona. La urlate in contrattempo.

(Bardolfo e Pistola smettono e si avvicinano a Falstaff)
L'arte sta in questa massima: *Rubar con garbo e a tempo.*[17]
Siete dei rozzi artisti.
(si mette ad esaminare il conto che l'Oste avrà portato insieme alla bottiglia di Xeres)
                        6 polli: 6 scellini.
30 giarre[18] di Xeres 2 lire. 3 tacchini...
        (a Bardolfo gettandogli la borsa e si rimette a leggere lentamente)
Fruga nella mia borsa. – 2 fagiani. Un'acciuga.

14. Se capisci, puoi essere sicuro che è la verità.
15. PA: "m'ubbriaco".
16. *The Merry Wives* (I, 1, 163-64): "Après ce tour-là, je veux, tant que je vivrai, ne jamais me soûler qu'en compagnie honnête, civile et pie".
17. *The Merry Wives* (I, 3, 26): "Le vrai talent est de voler en demi-pause". Ma questa massima non è detta da Falstaff, bensì da Nym; e, a ben guardare, non sta molto bene sulla bocca di Falstaff, che ladro non è.
18. La giarra è un'antica misura di capacità, usata soprattutto per olio e vino, di valore diverso secondo i luoghi e i tempi. Prende il nome dal recipiente di terracotta, smaltata all'interno, di forma panciuta.

Bardolfo *(estrae dalla borsa le monete e le conta sul tavolo)*
Un *mark*, un *mark*, un *penny*.

Falstaff

Fruga.

Bardolfo

Ho frugato.

Falstaff

Fruga!

Bardolfo *(gettando la borsa sul tavolo)*
Qui non c'è più uno spicciolo.

Falstaff *(alzandosi)*

Sei la mia distruzione!
Spendo ogni sette giorni dieci ghinee! Beone!
So che se andiam, la notte, di taverna in taverna
Quel tuo naso ardentissimo mi serve da lanterna;
Ma quel risparmio d'olio me lo consumi in vino.
Son trent'anni che abbevero quel fungo porporino![19]
Costi troppo.

(a Pistola, poi all'Oste che sarà rimasto ed esce)
E tu pure. – Oste! un'altra bottiglia.

(rivolto ancora a Bardolfo e Pistola)

---

19. Il naso luminoso di Bardolfo c'è anche in Shakespeare; ma in realtà non si tratta solo del naso, bensì di tutto il viso, rosso come un fuoco fatuo. Su questo argomento, in *1 Henry IV* (III, 3, 23-47) c'è una lunghissima e spassosa tirata di Falstaff, ridotta nel libretto in sette versi; tirata che Verdi conosceva benissimo, e che si conclude con queste parole (trad. Rusconi): "Tu mi hai risparmiati più di mille marchi in torce e fanali, allorché passavamo insieme la notte di taverna in taverna: ma il vino poi che mi hai bevuto, m'avrebbe fatto acquistare i lumi a eguale buon prezzo, anche dal più caro droghiere di tutta Europa. Son più di trentadue anni che intrattengo le fiamme della tua maledetta salamandra; voglia il Cielo ricompensarmi".

Mi struggete le carni! Se Falstaff s'assottiglia
Non è più lui, nessun più l'ama; in questo addome
C'è un migliaio di lingue che annunciano il mio nome![20]

Pistola *(acclamando)*
Falstaff immenso!

Bardolfo *(come sopra)*
Enorme Falstaff!

Falstaff *(toccandosi e guardandosi l'addome)*
Questo è il mio regno.
Lo ingrandirò. – Ma è tempo d'assottigliar l'ingegno.

Pistola[21]
Assottigliam.

(tutti e tre in crocchio)

Falstaff
V'è noto un tal, qui del paese
Che ha nome Ford?

Bardolfo
Sì.

Pistola
Sì.

Falstaff
Quell'uom è un gran borghese...[22]

---

20. *2 Henry IV* (IV, 3, 18-19): "J'ai dans mon ventre comme une école entière de langues qui toutes ne font que proclamer mon nom".
21. Nella prima edizione del libretto solo Pistola; in PA, e nelle successive edizioni del libretto, Pistola e Bardolfo.
22. PA: "Quell'uomo Egli è un borghese".

Pistola
Più liberal d'un Creso.[23]

Bardolfo

        È un Lord!

Falstaff

              Sua moglie è bella.

Pistola
E tien lo scrigno.

Falstaff

        È quella! O amor! Sguardo di stella!
Collo di cigno! e il labbro?! un fior. Un fior che ride.
Alice è il nome, e un giorno come passar mi vide
Ne' suoi paraggi, rise.[24] M'ardea l'estro amatorio
Nel cor. La Dea vibrava raggi di specchio ustorio
            (pavoneggiandosi)
Su me, su me, sul fianco baldo, sul gran torace,
Sul maschio piè, sul fusto saldo, erto, capace;
E il suo desir in lei fulgea sì al mio congiunto
Che parea dir: *Io son di Sir John Falstaff*.[25]

Bardolfo

                Punto.

Falstaff *(continuando la parola di Bardolfo)*
E a capo. – Un'altra; e questa ha nome: Margherita.

---

23. PA: "Più liberal che un Creso". In *The Merry Wives* (I, 3, 50) si legge che Ford è circondato da una legione di angeli, cioè monete d'oro con l'effigie dell'arcangelo Michele.
24. PA: "Alice è il nome, e un giorno come ne' suoi paraggi passar mi vide, rise".
25. La descrizione di Alice e Meg è derivata da *The Merry Wives* (I, 3, 40-70); in particolare si legge una citazione letterale: "Je suis à sir John Falstaff!".

Pistola
La chiaman Meg.

Falstaff

   È anch'essa de' miei pregi invaghita.
E anch'essa tien le chiavi dello scrigno. Costoro
Saran le mie Golconde e le mie Coste d'oro![26]
Guardate. Io sono ancora una piacente estate
Di San Martino.[27] A voi, due lettere infuocate.

(dà a Bardolfo una delle due lettere che sono rimaste sul tavolo)
Tu porta questa a Meg; tentiam la sua virtù.

(Bardolfo prende la lettera)
Già vedo che il tuo naso arde di zelo.

(dà a Pistola l'altra lettera)

                      E tu
Porta questa ad Alice.

Pistola *(ricusando con dignità)*

               Porto una spada al fianco.
Non sono un Messer Pandarus.[28] Ricuso.

Falstaff *(con calma sprezzante)*

               Saltimbanco.

---

26. Shakespeare, in *The Merry Wives* (I, 3, 65-67) cita, come simbolo di ricchezza, la Guiana e le Indie Orientali e Occidentali. Ai riferimenti coloniali di Shakespeare, Boito contrappone la classica Golconda (dove si lavoravano i diamanti), e un'altra colonia inglese in Africa, la Costa d'oro. Verdi, nella PA, ha scritto invece "Conca d'oro", per un errore di lettura, o per desiderio di semplificare.
27. In *1 Henry IV* (I, 2, 154-55) così il Principe saluta Falstaff: "Farewell, the latter spring! Farewell, All-hallown summer!". Cioè tarda, seconda primavera, e estate di tutti i santi (primo novembre). Boito ha tradotto correttamente con il termine corrispondente italiano, estate di San Martino, che coincide con "été de la Toussaint" di F.-V. Hugo.
28. Il Pandaro cui allude Pistola è un ruffiano che trasuda lascivia, e come tale è stato utilizzato anche da Shakespeare in *Troilus and Cressida*. Esso deriva dal *Filostrato* di Boccaccio, dove è un giovane d'alto lignaggio che offre i suoi buoni uffici presso la cugina Criseide, e fa da messaggero fra lei e Troilo. Il Pandaro dell'*Iliade* è invece un eroe coraggioso, ed è Atena che lo spinge a ferire a tradimento Menelao.

Bardolfo *(avanzandosi e gettando la lettera sul tavolo)*
Sir John, in questo intrigo non posso accondiscendervi,[29]
Lo vieta...

Falstaff *(interrompendolo)*
   Chi?

Bardolfo
     L'Onore.

Falstaff *(vedendo il paggio Robin che entra dal fondo)*
         Ehi! paggio!
     (poi subito a Bardolfo e Pistola)
           Andate a impendervi
Ma non più a me!
     (al paggio che escirà correndo colle lettere)
       Due lettere, prendi, per due signore.
Consegna tosto,[30] corri, via, lesto, va'! –
      (rivolto a Pistola e Bardolfo)
          L'Onore,
Ladri. Voi state ligi all'onor vostro, voi!
Cloache d'ignominia, quando, non sempre, noi
Possiam star ligi al nostro. Io stesso, sì, io, io,
Devo talor da un lato porre il timor di Dio
E, per necessità, sviar l'onore e usare
Stratagemmi[31] ed equivoci, destreggiar, bordeggiare.
E voi, coi vostri cenci e coll'occhiata tôrta
Da gatto-pardo e i fetidi sghignazzi avete a scorta
Il vostro Onor! Che onore?! che onor? che onor! che ciancia!
Che baia! – Può l'onore riempirvi la pancia?

---

29. PA: "accontentarvi", in luogo di "accondiscendervi".
30. PA: "Consegna lesto", in luogo di "consegna tosto".
31. PA: "sotterfugi", in luogo di "stratagemmi".

No. – Può l'onor rimettervi uno stinco? – Non può.
Né un piede? – No. – Né un dito? – No. – Né un capello? – No.
L'onor non è chirurgo. – Ch'è dunque? – Una parola.
Che c'è in questa parola? – C'è dell'aria che vola.
Bel costrutto! – L'onore lo può sentir chi è morto?
No. – Vive sol coi vivi?... Neppure: perché a torto
Lo gonfian le lusinghe,[32] lo corrompe l'orgoglio,
L'ammorban le calunnie; e per me non ne voglio![33]

Ma, per tornare a voi, furfanti,[34] ho atteso troppo,
E vi discaccio.

*(prende in mano la scopa e insegue Bardolfo e Pistola che scansano i colpi correndo
qua e là e riparandosi dietro la tavola)*

Olà! Lesti! Lesti! al galoppo!

---

32. Fino al momento di mandare in stampa il libretto, la dizione usata da Boito era "lo lodan le lusinghe".

33. Il discorso dell'onore, in *The Merry Wives*, non viene affrontato subito dopo che Nym e Pistol hanno ricusato di recapitare le lettere (I, 3), ma più oltre, dopo aver progettato la vendetta con Ford, quando tornano da Falstaff pentiti (II, 2). Ecco il testo nella traduzione francese (II, 2, 18-27): "Vous ne voulez pas porter une lettre pour moi, faquin! Vous vous retranchez derrière votre honneur! Eh! abîme de bassesse, c'est à peine si je puis, moi, observer strictement les lois de mon honneur. Oui, moi, moi, moi-même, parfois, mettant de côté la crainte du ciel, et voilant l'honneur sous la nécessité, je suis forcé de ruser, d'équivoquer, de biaiser; et vous, coquin, vous mettez vos guenilles, vos regards de chat de montagne, vos phrases de tapis-franc [locali malfamati], vos jurons éhontés sous le couvert de votre honneur! Vous me refusez, vous!". Ma questa è solo una parte del discorso dell'onore. Boito lo amplia, rifacendosi a un soliloquio di Falstaff sul campo di battaglia, in *I Henry IV* (V, 1, 127-41; trad. Rusconi): "Perché andrei io incontro a un creditore che non mi cerca? Ma è l'onore che mi stimola e mi dice di muover oltre. Però se l'onore mi facesse morire? Che diverrei io allora? L'onore può egli rimettermi una gamba o un braccio? No. Togliere il dolore di una ferita? No. L'onore non sa dunque nulla di chirurgia? Nulla. Che cosa è dunque l'onore? Una parola. E come si forma tal parola? Con un po' d'aria. Bel ragionamento, in fede. Che significa esso? Quegli che morì mercoledì sent'egli l'onore? No. L'ode egli? No. È esso adunque cosa insensibile? Sì, ai morti. Ma vivrà almeno coi vivi? No. Perché? L'invidia nol patirà mai: dunque io non so che farne".

34. PA: "signori", in luogo di "furfanti".

Al galoppo! Il capestro assai bene vi sta.
Ladri! Via! Via di qua! Via di qua! Via di qua!

(Bardolfo fugge dalla porta a sinistra, Pistola fugge dall'uscio del fondo non senza essersi buscato qualche colpo di granata,[35] e Falstaff lo insegue.)

35. Granata, scopa di saggina; dal nome della pianta usata, famiglia delle Chenopodiacee, che in Toscana è chiamata "granata".

Atto primo

Parte Seconda

Giardino.[36]

A sinistra la casa di Ford.
Gruppi d'alberi nel centro della scena.
Alice, Nannetta, Meg, M.rs Quickly,
poi M.r Ford, Fenton, D.r Cajus, Bardolfo, Pistola.

Meg con M.rs Quickly da destra. S'avviano verso la casa di Ford, e sulla soglia s'imbattono in Alice e Nannetta che stanno per escire.

Meg *(saluta)*
    Alice.

Alice *(come sopra)*
      Meg.

Meg *(salutando)*
        Nannetta.

Alice *(a Meg)*
          Escivo appunto
Per ridere con te.
        (a M.rs Quickly)
    Buon dì, comare.

---

36. Lettera di Verdi a Giulio Ricordi (18 settembre 1892): "Voi fate alcune domande sull'*entrare* e *sortire* degli attori. Nulla di più facile e di più semplice di questa *mise en scene*, se il pittore farà una scena come io la vedevo quando stava facendo la musica. Niente altro che un grande e vero giardino con viali, massi di cespugli e piante qua e là in modo da potersi, volendo, nascondere, comparire, scomparire, quando il dramma e la musica lo esigeranno. In questo modo gli uomini avrebbero il loro sito a parte, e potrebbero più tardi invadere anche quello delle donne, quando queste non sono più in scena. Così le donne potrebbero, alla fine dell'atto, occupare il sito dove stanno gli uomini".

Quickly

Dio vi doni allegria.

> *(accarezzando la guancia di Nannetta)*
>> Botton di rosa!

Alice *(ancora a Meg)*

Giungi in buon punto.
M'accade un fatto da trasecolare.

Meg

Anche a me.

Quickly *(che parlava con Nannetta, avvicinandosi con curiosità)*

> Che?

Nannetta *(avvicinandosi)*

> Che cosa?

Alice *(a Meg)*

Narra il tuo caso.

Meg

> Narra il tuo.

Alice *(in crocchio)*

>> Promessa

Di non ciarlar.

Meg

> Ti pare?!

Quickly

> Oibò! Vi pare?!

Alice

Dunque: se m'acconciassi a entrar ne' rei
Propositi del diavolo, sarei
Promossa al grado di Cavalleressa![37]

Meg

Anch'io.

Alice

Motteggi.

Meg *(cerca in tasca: estrae una lettera)*
Non più parole
Ché qui sciupiamo la luce del sole.[38]
Ho una lettera.

Alice *(cerca in tasca)*

Anch'io.

Nannetta e **Quickly**

Oh!!

Alice *(dà la lettera a Meg)*

Leggi.

Meg *(scambia la propria lettera con quella di Alice)*

Leggi.
(leggendo la lettera d'Alice)
Fulgida Alice! amor t'offro
Ma come?!
Che cosa dice?
Salvo che il nome
La frase è uguale.

---

37. *The Merry Wives* (II, 1, 47-48): "Si seulement je voulais aller en enfer pour un moment ou deux d'éternité, je pourrais être promue à l'honneur de la chevalerie".
38. *The Merry Wives* (II, 1, 52): "Nous brûlons pour rien la lumière du jour".

Alice *(cogli occhi sulla lettera che tiene in mano, ripete la lettura di Meg)*
Fulgida Meg! amor t'offro...

Meg *(continuando sul proprio foglio la lettura d'Alice)*
...amor bramo.

Alice

Qua *Meg*, là *Alice*.

Meg

È tal e quale.
(come sopra)
Non domandar perché, ma dimmi:

Alice *(come sopra)*

...t'amo.
Pur non gli offersi
Cagion.

Meg

Il nostro
Caso è pur strano.
(tutte in un gruppo addosso alle lettere, confrontandole e maneggiandole con curiosità)

Quickly

Guardiam con flemma.

Meg

Gli stessi versi.

Alice

Lo stesso inchiostro.

Quickly

La stessa mano.[39]

39. *The Merry Wives* (II, 1, 80): "même écriture, mêmes mots".

Nannetta

Lo stesso stemma.

Alice e **Meg** (*leggendo insieme*[40] *ciascuna sulla propria lettera*)
Sei la gaia comare, il compar gaio
Son io, e fra noi due facciamo il paio.

Alice

Già.

Nannetta

Lui, lei, te.

Quickly

Un paio in tre.

Alice

Facciamo il paio in un amor ridente
        (*tutte col naso sulle lettere*)
di donna bella e d'uomo...

Tutte

                appariscente...

Alice

...e il viso tuo su me risplenderà
come una stella sull'immensità.[41]

Tutte (*ridendo*)
Ah! Ah! Ah! Ah! Ah! Ah! Ah! Ah!

Alice (*continua e finisce*)
        Rispondi al tuo scudiere,
        John Falstaff Cavaliere.

---

40. Nelle successive edizioni del libretto "insieme" è stato tolto.
41. PA: "nell'eternità", poi corretto, da altra mano, "sull'immensità".

Quickly
  Mostro!

Alice
      Dobbiam gabbarlo.[42]

Nannetta
          E farne chiasso.

Alice
      E metterlo in burletta.[43]

Nannetta
      Oh! Oh! che spasso!

Quickly
      Che allegria!

Meg
          Che vendetta![44]

42. PA: "Vogliam gabbarlo?", al posto di "Dobbiam gabbarlo".
43. PA: "E prenderlo in burletta", anziché "metterlo".
44. Nell'impaginazione del libretto, curata da Boito e Verdi, il concertato delle quattro donne e quello dei cinque uomini che segue immediatamente, è impaginato su una doppia pagina: in alto le donne, in basso gli uomini. Nell'impossibilità di rispettare quella sistemazione, il testo delle donne precede quello degli uomini. Il lettore deve comunque tener presente che gli uomini cominciano a cantare poco dopo le donne, e queste a loro volta terminano la loro azione un attimo prima degli uomini. Tutto il concertato si distacca ovviamente dalle parole di Shakespeare, e Boito offre straordinari suggerimenti a Verdi, lavorando le parole sia sui percorsi orizzontali che su quelli verticali. Da notare, ad esempio, le combinazioni verticali allitteranti di "sgocciola-sdrucciola-spappola-spazio", quella di "snocciola-lucciola-trappola-strazio", e infine quella di "guindolo-(ri)gagnoli-fregola-l'ilari".
"Guindolo" è l'arcolaio.
Sia nel testo di Bardolfo che in quello di Pistola si parla di "onore": la lezione di Falstaff ha avuto il suo effetto.
Ford parla di un sussurro di congiura che intorno a lui "si buccina", cioè s'insinua, con bassi mormorii.

Alice *(rivolgendosi or all'una, or all'al-*
tra, tutte in crocchio cinguettando)
Quell'otre! quel tino!
Quel Re delle pance,
Ci ha ancora le ciance
Del bel vagheggino.
E l'olio gli sgocciola
Dall'adipe unticcio
E ancor ei ne snocciola
La strofa e il bisticcio!
Lasciam ch'ei le pronte
Sue ciarle ne spifferi,
Farà come i pifferi
Che sceser dal monte.
Vedrai che se abbindolo
Quel grosso compar
Più lesto d'un guindolo
Lo faccio girar.

Nannetta *(ad Alice)*

Se ordisci una burla
Vo' anch'io la mia parte.
Conviene condurla
Con senno e con arte.
L'agguato ov'ei sdrucciola
Convien ch'ei non scerna.
Già prese una lucciola
Per una lanterna.
Perciò più non dubito
Che il gioco riesca.
Bisogna offrir l'esca
Poi coglierlo subito.
E se i scilinguagnoli
Sapremo adoprar,
Vedremo a rigagnoli
Quell'orco sudar.

Meg
(ad Alice)
Quell'uom è un cannone,
Se scoppia ci spaccia.
Colui, se l'abbraccia,
Ti schiaccia Giunone.
Vedrai che a un tuo cenno
Quel mostro si spappola
E perde il suo senno
E corre alla trappola.
Potenza d'un fragile
Sorriso di donna!
Scienza d'un'agile
Movenza di gonna!
Se il vischio lo impegola
Lo udremo strillar.
E allor la sua fregola
Vedremo svampar.

Quickly *(ora ad Alice,*
ora a Nannetta, ora a Meg)
Un flutto in tempesta
Gittò sulla rena
Di Windsor codesta
Vorace balena.
Ma qui non ha spazio
Da farsi più pingue,
Ne fecer già strazio
Le vostre tre lingue.
Tre lingue più allegre
D'un trillo di nacchere,
Che spargon più chiacchiere
Di sei cingallegre.
Tal sempre s'esilari
Quel bel cinguettar.
Così soglion l'ilari
Comari ciarlar.

(s'allontanano)

M.r Ford, D.r Cajus, Fenton, Bardolfo, Pistola entrano da destra,
mentre le donne escono da sinistra. Ford nel centro, Pistola al suo fianco destro,
Bardolfo al suo fianco sinistro, Fenton e il D.r Cajus dietro Ford. Tutti in gruppo,
parlando a Ford a bassa voce, e brontolando.

D.r Cajus *(a Ford)*
È un ribaldo, un furbo, un ladro,
Un furfante, un turco, un vandalo;
L'altro dì mandò a soqquadro
La mia casa e fu uno scandalo.
Se un processo oggi gl'intavolo
Sconterà le sue rapine.
Ma la sua più degna fine
Sia d'andare in man del diavolo.
E quei due che avete accanto
Genti son di sua tribù,
Non son due stinchi di santo
Né due fiori di virtù.

Bardolfo *(a Ford)*
Falstaff, sì, ripeto, giuro,
(Per mia bocca il ciel v'illumina)
Contro voi, John Falstaff rumina
Un progetto alquanto impuro.
Son uom d'arme e quell'infame
Più non vo' che v'impozzangheri.
Non vorrei, no, escir dai gangheri
Dell'onor per un reame!
Messer Ford, l'uomo avvisato
Non è salvo che a metà.
Tocca a voi d'ordir l'agguato
Che l'agguato stornerà.

Ford *(da sé, poi agli altri)*
Un ronzio di vespe e d'avidi
Calabron brontolamento,
Un rombar di nembi gravidi
D'uragani è quel ch'io sento.
Il cerèbro un ebro allucina
Turbamento di paura,
Ciò che intorno a me si buccina,
È un susurro di congiura.
Parlan quattro ed uno ascolta,
Qual dei quattro ascolterò?
Se parlaste uno alla volta
Forse allor v'intenderò.

Pistola (*a Ford*)
Sir John Falstaff già v'appresta,
Messer Ford, un gran pericolo.
Già vi pende sulla testa
Qualche cosa a perpendicolo.
Messer Ford, fui già un armigero
Di quell'uom dall'ampia cute,
Or mi pento e mi morigero
Per ragioni di salute.
La minaccia or v'è scoperta,
Or v'è noto il ciurmador.
State all'erta, all'erta, all'erta!
Qui si tratta dell'onor.

Fenton (*a Ford*)
Se volete io non mi perito
Di ridurlo alla ragione
Colle brusche o colle buone,
E pagarlo al par del merito.
Mi dà il cuore e mi solletica,
(E sarà una giostra gaia),
Di sfondar quella ventraia
Iperbolico-apoplettica.
Col consiglio o colla spada
Se lo trovo al tu per tu,
O lui va per la sua strada
O lo assegno a Belzebù.

Ford (*a Pistola*)
                    Ripeti.

Pistola (*a Ford*)
                              In due parole:
                    L'enorme Falstaff vuole
                    Entrar nel vostro tetto,
                    Beccarvi la consorte,
                    Sfondar la cassa-forte
                    E sconquassarvi il letto.

D.r Cajus
                    Càspita!

Ford

                    Quanti guai!

Bardolfo (*a Ford*)
                    Già le scrisse un biglietto...

Pistola *(interrompendo)*

> Ma quel messaggio abbietto
> Ricusai.

Bardolfo

>> Ricusai.

Pistola

> Badate a voi!

Bardolfo

>> Badate!

Pistola

> Falstaff le occhieggia tutte
> Che sieno belle o brutte
> Pulzelle o maritate.

Bardolfo

> La corona che adorna
> D'Atteòn l'irte chiome[45]
> Su voi già spunta.

Ford

>> Come
> Sarebbe a dir?

Bardolfo

>> *Le corna.*

Ford

> Brutta parola!

---

45. Atteone, il mitico cacciatore beotico trasformato in cervo da Artemide per castigo di averla vista nuda al bagno.

D.r Cajus

                             Ha voglie
             Voraci il Cavaliere.

Ford

             Sorveglierò la moglie.
             Sorveglierò il messere.
                (rientrano da sinistra le quattro donne)
             Salvar vo' i beni miei
             Dagli appetiti altrui.

Fenton *(vedendo Nannetta)*
             (È lei.)

Nannetta *(vedendo Fenton)*
             (È lui.)

Ford *(vedendo Alice)*
                      (È lei.)

Alice *(vedendo Ford)*
             (È lui.)

D.r Cajus *(a Ford indicando Alice)*
             (È lei.)

Meg *(ad Alice indicando Ford)*
                      (È lui.)

Alice *(alle altre a bassa voce indicando Ford)*
             (S'egli sapesse!…

Nannetta

                     Guai!

Alice

             Schiviamo i passi suoi.

Meg

             Ford è geloso?

Alice

Assai.

Quickly

Zitto.

Alice

Badiamo a noi).

(Alice, Meg e Quickly escono da sinistra. Resta Nannetta. – Ford, D.r Cajus, Bardolfo
e Pistola escono da destra. Resta Fenton)

Fenton *(fra i cespugli verso Nannetta a bassa voce)*[46]

Pst, pst, Nannetta.

Nannetta *(mettendo l'indice al labbro per cenno di silenzio)*

Ssss.

Fenton

Vien qua.

Nannetta *(guardando attorno con cautela)*

Taci.
Che vuoi?

---

46. In *The Merry Wives* non esiste niente che possa richiamare le fuggevoli scene
d'amore fra Fenton e Nannetta; esiste soltanto quell'amore, ma i due s'incontrano in
scena, soli, un'unica volta, e il loro non è un dialogo d'amore, anche se l'amore è
sottinteso (III, 4, 1-21). Tuttavia lo spunto per le rime e perfino il tono delle parole di
Fenton e Nannetta è derivato da una battuta dell'Oste, quando dice (III, 2, 60-64;
trad. Rusconi): "Che diverrebbe allora il giovine Fenton che danza, verseggia, spira
aprile e maggio, ha occhi gai e vispi? Egli l'avrà, l'avrà; il fiore non può essere che
suo".
Boito, che aveva personalmente insistito con Verdi perché non ci fosse un vero e
proprio duetto d'amore fra i due, ma solo dei brevi momenti da inserire qua e là,
scrive a Verdi (7 luglio 1889): "È [...] inutile di farli cantare insieme da soli in un vero
duetto. La loro parte, anche senza il duetto, sarà efficacissima; sarà anzi più efficace
senza. Non so spiegarmi; vorrei come si cosparge di zucchero una torta cospargere
con quel gaio amore tutta la commedia senza radunarlo in un punto".

Fenton

Due baci.

Nannetta

In fretta.

Fenton

In fretta.
(si baciano rapidamente)

Nannetta

Labbra di foco!

Fenton

Labbra di fiore!...

Nannetta

Che il vago gioco
Sanno d'amore.

Fenton

Che spargon ciarle,
Che mostran perle,
Belle a vederle,
Dolci a baciarle! *(tenta di abbracciarla)*
Labbra leggiadre!

Nannetta *(difendendosi e guardandosi attorno)*
Man malandrine!

Fenton

Ciglia assassine!
Pupille ladre!
T'amo!

Nannetta

Imprudente.
(Fenton fa per baciarla ancora)
No.

Fenton

Sì... due baci.

Nannetta (si svincola)

Basta.

Fenton

Mi piaci
Tanto!

Nannetta

Vien gente.

(si allontanano l'una dall'altro mentre ritornano le donne)

Fenton (cantando allontanandosi)

Bocca baciata non perde ventura.

Nannetta (continuando il canto di Fenton, avvicinandosi alle altre donne)

Anzi rinnova come fa la luna.[47]

(Fenton si nasconde dietro gli alberi del fondo)

Alice

Falstaff m'ha canzonata.

Meg

Merita un gran castigo.

Alice

Se gli scrivessi un rigo?...

Nannetta (riunendosi al crocchio con disinvoltura)

Val meglio un'ambasciata.

---

47. "Bocca basciata non perde ventura, anzi rinnuova come fa la luna", motto proverbiale con cui si conclude la novella II, 7 del *Decamerone*. In PA Verdi scrive "fortuna", ma poi corregge lui stesso in "ventura".

Alice

        Sì.

Quickly

            Sì.

Alice *(a Quickly)*

                    Da quel brigante
Tu andrai. Lo adeschi all'offa[48]
D'un ritrovo galante
Con me.

Quickly

                          Questa è gaglioffa!

Nannetta

Che bella burla!

Alice

                        Prima,
Per attirarlo a noi,
Lo lusinghiamo, e poi
Gliele cantiamo in rima.

Quickly

Non merita riguardo.

Alice

        È un bove.

Meg

                  È un uomo senza
Fede.

Alice

        È un monte di lardo.

---

48. Offa: compenso per ottenere complicità.

Meg

Non merita clemenza.

Alice

È un ghiotton che scialacqua
Tutto il suo aver nel cuoco.

Nannetta

Lo tufferem nell'acqua.

Alice

Lo arrostiremo al fuoco.

Nannetta

Che gioia!

Alice

Che allegria!

Meg *(a Quickly)*

Procaccia[49] di far bene
La tua parte.

Quickly *(accorgendosi di Fenton che s'aggira nel fondo)*
Chi viene?

Meg

Là c'è qualcun che spia.

(escono rapidamente da destra Alice, Meg, Quickly.
Nannetta resta, Fenton le torna accanto)

Fenton

Torno all'assalto.

Nannetta *(come sfidandolo)*
Torno alla gara.
Ferisci!

49. PA: "Procura", poi corretto da altra mano in "procaccia".

Fenton

Para!

(si slancia per baciarla: Nannetta si ripara il viso con una mano che Fenton bacia e vorrebbe ribaciare, ma Nannetta la solleva più alta che può e Fenton ritenta invano di raggiungerla colle labbra)

Nannetta

La mira è in alto.
L'amor è un agile
Torneo, sua corte[50]
Vuol che il più fragile
Vinca il più forte.

Fenton

M'armo, e ti guardo.
T'aspetto al varco.

Nannetta

Il labbro è l'arco.

Fenton

E il bacio è il dardo.
Bada! la freccia
Fatal già scocca
Dalla mia bocca
Sulla tua treccia.
(le bacia la treccia)

Nannetta *(annodandogli il collo colla treccia mentre egli la bacia)*
Eccoti avvinto.

Fenton

Chiedo la vita!

---

50. Sua corte: le regole e convenienze.

Nannetta

> Io son ferita
> Ma tu sei vinto.

Fenton

> Pietà! Facciamo
> La pace e poi...

Nannetta

> E poi?

Fenton

> Se vuoi,
> Ricominciamo.

Nannetta

> Bello è quel gioco
> Che dura poco.
> Basta.

Fenton

> Amor mio!

Nannetta

> Vien gente. – Addio![51]
> *(fugge da destra)*

Fenton *(allontanandosi cantando)*
Bocca baciata non perde ventura.

Nannetta *(di dentro rispondendo)*
Anzi rinnova come fa la luna.
> *(rientrano dal fondo Ford, D.r Cajus, Bardolfo, Pistola.*
> *Fenton si unisce poi al crocchio)*

---

51. Verdi considerava questo secondo duettino "vivacissimo, e comicissimo".

Bardolfo *(a Ford)*

        Udrai quanta egli sfoggia
        Magniloquenza altera.

Ford

        Diceste ch'egli alloggia
        Dove?

Pistola

                Alla *Giarrettiera*.

Ford

        A lui m'annuncierete,
        Ma con un falso nome,
        Poscia vedrete come
        Lo piglio nella rete.
        Ma... non una parola.

Bardolfo

        In ciarle non m'ingolfo.
        Io mi chiamo Bardolfo.

Pistola

        Io mi chiamo Pistola.

Ford

        Siam d'accordo.

Bardolfo

                  L'arcano
      Custodirem.

Pistola

                Son sordo
      E muto.

Ford

           Siam d'accordo
        Tutti.

Pistola e **Bardolfo**

Sì.

Ford

Qua la mano.

(si avanzano dal fondo Alice, Nannetta, Meg, Quickly)[52]

D.r Cajus *(a Ford)*
Del tuo barbaro diagnostico[53]
Forse il male è assai men barbaro.
Ti convien tentar la prova
Molestissima del ver.
Così avvien col sapor ostico
Del ginepro o del rabarbaro;
Il benessere rinnova
L'amarissimo bicchier.

Pistola *(a Ford)*
Voi dovete empirgli il calice
Tratto tratto interrogandolo,
Per tentar se vi riesca
Di trovar del nodo il bandolo.
Come all'acqua inclina il salice
Così al vin quel Cavalier.
Scoverete la sua tresca,
Scoprirete il suo pensier.

Ford *(a Pistola)*
Tu vedrai se bene adopera
L'arte mia con quell'infame,
E sarà prezzo dell'opera
S'io discopro le sue trame.
Se su lui volgo il ridicolo
Non avrem sudato invan.
S'io mi salvo dal pericolo
L'angue morde il cerretan.[54]

---

52. Anche qui, come nel precedente concertato (vedi nota n. 44), l'impaginazione originale prevede il testo su una pagina doppia, in alto gli uomini e in basso le donne.
53. Il D.r Cajus parla, da medico, un linguaggio professionale, e per "diagnostico", sostantivo maschile, intende supposizione, convinzione; cioè, il male è meno brutto di quanto Ford abbia supposto.
54. I ciarlatani che giravano per le piazze dando spettacolo con giochi di destrezza, si facevano mordere da vipere senza averne alcun danno, perché queste, avendo già morso una o due volte, erano ormai prive di veleno, contenuto in una guaina superficiale. Ford intende dire che se si salva dal pericolo, si trova nelle identiche condizioni del "cerretano" morso dall'"angue", cioè non ne soffre.

Bardolfo (a Ford)
Messer Ford, un infortunio
Marital in voi s'incorpora,
Se non siete astuto e cauto
Quel sir John vi tradirà.
Quel paffuto plenilunio
Che il color del vino imporpora
Troverebbe un pasto lauto
Nella vostra ingenuità.

Fenton (fra sé)
Qua borbotta un crocchio d'uomini,
C'è nell'aria una malìa.
Là cinguetta un vol di femine,
Spira un soffio agitator.
Ma colei che in cor mi nomini,
Dolce amor, dev'esser mia!
Noi sarem come due gemine
Stelle unite in un ardor.

Alice (a Meg)
Vedrai che se abbindolo
Quel grosso compar
Più lesto d'un guindolo
Lo faccio girar.

Meg (ad Alice)
Se il vischio lo impegola
Lo udremo strillar
E allor la sua fregola
Vedremo svampar.

Nannetta (ad Alice)
E se i scilinguagnoli
Sapremo adoprar
Vedremo a rigagnoli
Quell'orco sudar.

Quickly
Tal sempre s'esilari
Quel bel cinguettar;
Così soglion l'ilari
Comari ciarlar.
(Ford, D.r Cajus, Fenton, Bardolfo, Pistola escono)

Alice
Qui più non si vagoli...

Nannetta (a Quickly)
Tu corri all'ufficio
Tuo.

Alice

        Vo' ch'egli miagoli
       D'amor come un micio.
          (a Quickly)
   È intesa.

Quickly

         Sì.

Nannetta

           È detta.

Alice

   Domani.

Quickly

         Sì. Sì.

Alice

   Buon dì Meg.

Quickly

             Nannetta
   Buon dì.

Nannetta

        Addio.

Meg

           Buon dì.

Alice *(a Meg)*

   Vedrai che quell'epa
   Terribile e tronfia
   Si gonfia.

Alice e **Meg**

        Si gonfia.

Alice, **Meg**, **Quickly**, **Nannetta**
>   Si gonfia e poi crepa.

Alice
>   *Ma il viso mio su lui risplenderà*[55]

Tutte
>   *Come una stella sull'immensità.*
>   (si accomiatano e s'allontanano ridendo.)

---

55. Nella lettera inviata alle due donne, Falstaff aveva scritto "...e il viso tuo su me risplenderà..."; nel libretto Alice ripete le parole di Falstaff voltate in prima persona e sostituendo alla congiunzione introduttiva "e" l'avversativa "ma": "ma il viso mio su lui risplenderà". In PA, rispettando la dizione della prima volta, Verdi lascia la "e", che mi pare una soluzione più giusta, e anche musicalmente più riuscita. Alice, in fondo, e solo per un attimo, si lascia andare in questa incantata immagine d'amore, come chiaramente ci suggerisce la musica, e quel "ma" smentirebbe in qualche modo l'abbandono.

Atto secondo

Parte prima

*L'interno dell'Osteria della Giarrettiera
come nell'Atto primo.*

*Falstaff sempre adagiato sul suo gran seggiolone
al suo solito posto bevendo il suo Xeres.
Bardolfo e Pistola verso il fondo accanto alla porta di sinistra.
Poi M.rs Quickly.*

Bardolfo e **Pistola** *(cantando insieme e battendosi il petto in atto di pentimento)*
Siam pentiti e contriti.

Falstaff *(volgendosi appena verso Bardolfo e Pistola)*
                    L'uomo ritorna al vizio,
La gatta al lardo...

Pistola
                    E noi, torniamo al tuo servizio.

Bardolfo
Padron, là c'è una donna che alla vostra presenza
Chiede d'essere ammessa.

Falstaff
                    S'inoltri.
            *(Bardolfo esce da sinistra e ritorna subito
            accompagnando M.rs Quickly)*

Quickly *(inchinandosi profondamente verso Falstaff il quale è ancora seduto)*
                    Reverenza!

Falstaff
Buon giorno, buona donna.[1]

---

1. *The Merry Wives* (II, 2, 32): "Bonjour, bonne femme".

Quickly

Se Vostra Grazia vuole,
(avvicinandosi con gran rispetto e cautela)
Vorrei, segretamente, dirle quattro parole.

Falstaff
T'accordo udienza.[2]
(a Bardolfo e Pistola rimasti nel fondo a spiare)
Escite.
(escono da sinistra facendo sberleffi)

Quickly *(facendo un altro inchino ed avvicinandosi più di prima)*

Reverenza! –

(a bassa voce)

Madonna
Alice Ford...

Falstaff *(alzandosi ed accostandosi a Quickly premuroso)*
Ebben?

Quickly

Ahimè! Povera donna!
Siete un gran seduttore![3]

Falstaff *(subito)*

Lo so. Continua.

Quickly

Alice
Sta in grande agitazione d'amor per voi; vi dice
Ch'ebbe la vostra lettera, che vi ringrazia e che
Suo marito esce sempre dalle due alle tre.

2. *The Merry Wives* (II, 2, 39-40): "Moi je t'accorderai audience".
3. *The Merry Wives* (II, 2, 52-54): "Ah! monsieur, c'est une bonne créature. Seigneur! Seigneur! quel séducteur est monsieur!".

Falstaff
Dalle due alle tre.[4]

Quickly

Vostra Grazia a quell'ora
Potrà liberamente salir dove dimora
La bella Alice. Povera donna! le angoscie sue
Son crudeli! ha un marito geloso!

Falstaff *(rimuginando le parole di Quickly)*

Dalle due
Alle tre. – *(a Quickly)*
Le dirai che impaziente aspetto
Quell'ora. Al mio dovere non mancherò.

Quickly

Ben detto.
Ma c'è un'altra ambasciata per Vostra Grazia.

Falstaff

Parla.

Quickly
La bella Meg (un angelo che innamora a guardarla)
Anch'essa vi saluta molto amorosamente,
Dice che suo marito è assai di rado assente.[5]
Povera donna! un giglio di candore e di fè!
Voi le stregate tutte.

---

4. *The Merry Wives* (II, 2, 56-81): "Vous l'avez mise dans telle agitation que c'est merveilleux [...]. Elle a reçu votre lettre; elle vous en remercie mille fois; et elle vous fait notifier que son mari sera absent de chez elle entre dix et onze. – Entre dix et onze!".
5. *The Merry Wives* (II, 2, 95-96): "Elle m'a chargée de dire à votre révérence que son mari est rarement absent".

Falstaff
                    Stregoneria non c'è
Ma un certo qual mio fascino personal... Dimmi: l'altra
Sa di quest'altra?

Quickly
                    Oibò! La donna nasce scaltra.
Non temete.

Falstaff *(cercando nella sua borsa)*
                    Or ti vo' remunerar...

Quickly
                                    Chi semina
Grazie, raccoglie amore.

Falstaff *(estraendo una moneta e porgendola a Quickly)*
                    Prendi, Mercurio-femina.[6]
                    (congedandola col gesto)
Saluta le due dame.

Quickly
                    M'inchino.

                    (esce.)

6. *The Merry Wives* (II, 2, 75-76; trad. Rusconi): "Mio buon Mercurio femmina".
Mercurio era il messaggero degli dei.

Falstaff solo, poi Bardolfo,
poi M.r Ford, poi Pistola

Falstaff

(Alice è mia!)[7]
Va', vecchio John, va', va' per la tua via.
Questa tua vecchia carne ancora spreme
Qualche dolcezza a te.
Tutte le donne ammutinate insieme
Si dannano per me!
Buon corpo di Sir John, ch'io nutro e sazio,
Va', ti ringrazio.[8]

Bardolfo *(entrando da sinistra)*
Padron, di là c'è un certo Messer Mastro Fontana
Che anela di conoscervi; offre una damigiana
Di Cipro per l'asciolvere[9] di Vostra Signoria.

Falstaff
Il suo nome è Fontana?

Bardolfo
Sì.

---

7. In questo momento Falstaff è solo, quindi la parentesi, per indicare *fra sé*, non sarebbe necessaria; infatti nelle successive edizioni del libretto è stata eliminata. Tuttavia, il tono con cui Falstaff dice "Alice è mia!" è talmente diverso dal "Va', vecchio John…", che la parentesi svolge comunque una sua apprezzabile funzione.
8. *The Merry Wives* (II, 2, 133-38): "Tu crois, vieux Jack? va ton chemin. Je tirerai de ton vieux corps plus de parti que jamais. Elles courent donc encore après toi? Après avoir dépensé tant d'argent, vas-tu donc bénéficier?… Bon corps, je te rends grâces; qu'on dise que tu es grossièrement bâti; si tu plais, peu importe". Ma un'immagine analoga la troviamo anche in *1 Henry IV* (II, 4, 124): "Va ton chemin, vieux Jack".
9. Asciolvere, la prima colazione; esatta traduzione di "déjeuner" proposto da F.-V. Hugo (vedi nota seguente).

Falstaff

Bene accolta sia
La fontana che spande un simile liquore![10]
Entri. – *(Bardolfo esce)*
Va', vecchio John, per la tua via.

(Ford travestito entra da sinistra, preceduto da Bardolfo che si ferma all'uscio e s'inchina al suo passaggio e seguito da Pistola, il quale tiene una damigiana che depone sul tavolo. Pistola e Bardolfo restano nel fondo. Ford tiene un sacchetto in mano)

Ford *(avanzandosi dopo un grande inchino a Falstaff)*

Signore,
V'assista il cielo!

Falstaff *(ricambiando il saluto)*

Assista voi pur, signore.

Ford *(sempre complimentoso)*

Io sono,
Davver, molto indiscreto, e vi chiedo perdono,
Se, senza cerimonie, qui vengo e sprovveduto
Di più lunghi preamboli.

Falstaff

Voi siete il benvenuto.

Ford

In me vedete un uomo ch'ha un'abbondanza grande
Degli agi della vita; un uom che spende e spande
Come più gli talenta pur di passar mattana.
Io mi chiamo Fontana!

10. *The Merry Wives* (II, 2, 139-46): "Sir John, il y a un messer Fontaine en bas qui voudrait bien vous parler et faire votre connaissance; il a envoyé un pot de vin d'Espagne pour le déjeuner de votre révérence. – Il s'appelle Fontaine? – Oui, monsieur. – Fais-le entrer. Les Fontaines sont les bienvenues chez moi, qui font ruisseler pareille liqueur". Nel testo originale Ford viene chiamato Brook, che vuol dire ruscello; F.-V. Hugo salva il gioco di parole proponendo Fontaine.

Falstaff *(andando a stringergli la mano con grande cordialità)*
                    Caro signor Fontana!
Voglio fare con voi più ampia conoscenza.[11]

Ford
Caro Sir John, desidero parlarvi in confidenza.

Bardolfo *(sottovoce a Pistola nel fondo, spiando)*
(Attento!

Pistola *(sottovoce a Bardolfo)*
            Zitto!

Bardolfo
                    Guarda! Scommetto! Egli va dritto
Nel trabocchetto.

Pistola
                Ford se lo intrappola...

Bardolfo
                                    Zitto!)

Falstaff *(a Bardolfo e Pistola, i quali escono al cenno di Falstaff)*
Che fate là? –

                    (a Ford, col quale è rimasto solo)
            V'ascolto.

Ford
                    Sir John; m'infonde ardire
Un ben noto proverbio popolar: si suol dire
Che l'oro apre ogni porta, che l'oro è un talismano,
Che l'oro vince tutto.

---

11. *The Merry Wives* (II, 2, 155-58): "Monsieur, vous voyez un gentleman qui a beaucoup dépensé; je m'appelle Fontaine. – Cher maître Fontaine, je désire faire plus amplement votre connaissance".

Falstaff
L'oro è un buon capitano
Che marcia avanti.[12]

Ford (*avviandosi verso il tavolo*)
Ebbene. Ho un sacco di monete
Qua, che mi pesa assai. Sir John, se voi volete[13]
Aiutarmi a portarlo...

Falstaff (*prende il sacchetto e lo depone sul tavolo*)
Con gran piacer... non so,
Davver, per qual mio merito, Messer...

Ford
Ve lo dirò.
C'è a Windsor una dama,[14] bella e leggiadra molto,
Si chiama Alice; è moglie d'un certo Ford.

Falstaff
V'ascolto.

Ford
Io l'amo e lei non m'ama; le scrivo, non risponde;
La guardo, non mi guarda; la cerco e si nasconde.
Per lei sprecai tesori, gittai doni su doni,
Escogitai, tremando, il vol delle occasioni.
Ahimè! tutto fu vano! Rimasi sulle scale,
Negletto, a bocca asciutta, cantando un madrigale.

Falstaff (*cantarellando scherzosamente*)
L'amor, l'amor che non ci dà mai tregue
Finché la vita strugge
È come l'ombra...

---

12. *The Merry Wives* (II, 2, 165): "L'argent, monsieur, est un bon soldat qui va toujours en avant".
13. PA: "se voi voleste".
14. PA: "donna", corretto "dama" da altra mano.

Ford

...che chi fugge...

Falstaff

...insegue...

Ford

E chi l'insegue...

Falstaff

... fugge.[15]

Ford
E questo madrigale l'ho appreso a prezzo d'or.

Falstaff
Quest'è il destin fatale del misero amator.
Essa non vi diè mai luogo a lusinghe?

Ford

No.

Falstaff
Ma infin,[16] perché v'aprite a me?

Ford

Ve lo dirò:
Voi siete un gentiluomo[17] prode, arguto, facondo,
Voi siete un uom di guerra, voi siete un uom di mondo...

Falstaff *(con gesto d'umiltà)*
Oh!...

---

15. *The Merry Wives* (II, 2, 201-02):
"L'amour fuit comme une ombre l'amour réel qui le poursuit,
poursuivant qui le fuit, fuyant qui le poursuit".
Rusconi traduce: "L'amore come ombra fugge l'oggetto che lo insegue; esso insegue chi lo fugge, e si sottrae a chi gli va dietro".
16. PA: "ma allor".
17. *The Merry Wives* (II, 2, 217; trad. Rusconi): "Voi siete un gentiluomo...".

Ford

     Non vi adulo, e quello è un sacco di monete:
Spendetele! spendetele! sì, spendete e spandete
Tutto il mio patrimonio! Siate ricco e felice!
Ma, in contraccambio, chiedo che conquistiate Alice![18]

Falstaff

Strana ingiunzion!

Ford

       Mi spiego: quella crudel beltà
Sempre è vissuta in grande fede di castità.
La sua virtù importuna m'abbarbagliava gli occhi,
La bella inespugnabile dicea: *Guai se mi tocchi!*
Ma se voi l'espugnate, poi, posso anch'io sperar;
Da fallo nasce fallo e allor... Che ve ne par?

Falstaff

Prima di tutto, senza complimenti, Messere
Accetto il sacco. E poi (fede di cavaliere;
Qua la mano!) farò le vostre brame sazie.

    (stringendo forte la mano a Ford)

Voi, la moglie di Ford possederete.

Ford

                 Grazie!!

Falstaff

Io son già molto innanzi (non c'è ragion ch'io taccia
Con voi); fra una mezz'ora sarà nelle mie braccia.

---

18. *The Merry Wives* (II, 2, 223-26; trad. Rusconi): "Eccovi danaro: spendetelo, spendetelo; spendetene di più; spendete tutto quello ch'io ho; soltanto datemi in cambio di esso quel tanto di tempo di vostro che occorrerà, per porre assedio all'onestà di questa monna Ford".

Ford
Chi?...

Falstaff

     Alice. Essa mandò dianzi una... confidente
Per dirmi che quel tanghero di suo marito è assente
Dalle due alle tre.

Ford

          Lo conoscete?

Falstaff

             Il diavolo
Se lo porti all'inferno con Menelao suo avolo!
Vedrai! Te lo cornifico netto! se mi frastorna
Gli sparo una girandola di botte sulle corna!
Quel Messer Ford è un bue! Un bue! Te lo corbello,
Vedrai![19] Ma è tardi. Aspettami qua. Vado a farmi bello.

      (piglia il sacco di monete ed esce dal fondo.)[20]

---

19. *The Merry Wives* (II, 2, 259): "Au diable le pauvre cocu!"; e poco oltre (268-70): "je le terrifierai avec ma canne: elle planera comme un météore au-dessus des cornes du cocu". Su questi suggerimenti Boito costruisce l'invettiva delle corna, che oltre tutto serve a inquadrare meglio la successiva meditazione di Ford sulla gelosia. Da notare anche il passaggio dal "voi" al "tu".
20. In Shakespeare a questo punto Falstaff si allontana, dopo aver dato appuntamento a Ford per la sera, e la scena si conclude con la meditazione di Ford sulla gelosia. Boito invece inserisce la meditazione nel tempo che Falstaff "va a farsi bello", per aver la possibilità di concludere la prima parte dell'atto con il protagonista in scena. Ma non si tratta soltanto di una necessità tecnica: la meditazione sulla gelosia, mentre c'è di là, dietro le quinte, il "dannato epicureo" che si prepara all'accoppiamento, ne risulta in una luce tragica e comica insieme. In questa scelta c'è forse la volontà di Verdi; da una sua lettera sappiamo infatti che in una prima fase la meditazione di Ford apriva la seconda parte dell'atto, ma per il compositore in questo modo non aveva "calore ed efficacia".

M.r Ford solo, *poi* Falstaff.

Ford

È sogno? o realtà?...[21] Due rami enormi
Crescon sulla mia testa.
È un sogno? – Mastro Ford! Mastro Ford! Dormi?
Svegliati! Su! ti desta!
Tua moglie sgarra e mette in malo assetto
L'onor tuo, la tua casa ed il tuo letto!
L'ora è fissata, tramato l'inganno;[22]
Sei gabbato e truffato!...
E poi diranno
Che un marito geloso è un insensato!
– Già dietro a me nomi d'infame conio
Fischian passando; mormora lo scherno.
– O matrimonio: Inferno!
Donna: Demonio!
Nella lor moglie abbian fede i babbei!
– Affiderei
La mia birra a un Tedesco,
Tutto il mio desco
A un Olandese lurco,[23]

---

21. PA: "È sogno! è realtà!". Il testo della meditazione di Ford sulla gelosia è ricavato da Boito da tre diversi momenti di *The Merry Wives*: il primo (II, 2, 276-302) nel luogo corrispondente alla situazione librettistica, cioè dopo il primo dialogo di Ford-Fontana con Falstaff; il secondo (III, 2, 26-44) si riferisce a una riflessione di Ford sul fatto che Page (personaggio che nel libretto non esiste) non si rende affatto conto che la moglie Meg gli sta mettendo le corna; il terzo (III, 5, 129-42) quando Falstaff, reduce dall'avventura della cesta, racconta tutto a Ford-Fontana, e gli assicura di avere già un nuovo appuntamento con Alice: e anche questo episodio non è utilizzato nel libretto. In questo abile lavoro di montaggio, Boito ha quasi sempre tradotto in maniera letterale il testo francese di F.-V. Hugo.
22. *The Merry Wives* (II, 2, 279): "l'heure est fixée, le marché est conclu".
23. Lurco: ghiottone, beone. Per tradizione dantesca lo sono i tedeschi: "E come là tra li Tedeschi lurchi" (Inf. XVII, 21).

La mia bottiglia d'acquavite a un Turco,[24]
Non mia moglie a se stessa. – O laida sorte!
– Quella brutta parola in cor mi torna:
Le corna! Bue! capron! le fusa torte![25]
Ah! *le corna! le corna!*
– Ma non mi sfuggirai! no! sozzo, reo,
Dannato epicureo!
– Prima li accoppio
E poi li colgo. Io scoppio!
Vendicherò l'affronto!
– Laudata sempre sia
Nel fondo del mio cor la gelosia.

Falstaff *(rientrando dalla porta del fondo. Ha un farsetto nuovo, cappello e bastone)*
Eccomi qua. – Son pronto.
M'accompagnate un tratto?

Ford
         Vi metto sulla via.
*(si avviano: giunti presso alla soglia fanno dei gesti complimentosi per cedere la
precedenza del passo)*

Falstaff
Prima voi.

Ford
   Prima voi.

---

24. I turchi non dovrebbero bere acquavite, ma fanno rima con lurchi. In Shakespeare, Ford parla di burro a un fiammingo, di formaggio a un gallese, di acquavite a un irlandese.
25. Le fusa torte, le corna non ancora ramificate del cervo, e sinonimo delle corna nella particolare accezione di Ford.

Falstaff

No. Sono in casa mia.

(ritirandosi un poco)

Passate.

Ford *(ritirandosi)*

Prego...

Falstaff

È tardi. L'appuntamento preme.

Ford

Non fate complimenti...

Falstaff

Ebben; passiamo insieme.

(prende il braccio di Ford sotto il suo ed escono a braccetto.)[26]

---

26. L'uscita di Falstaff e Ford è un soggetto consueto del teatro comico; ma anch'esso deriva da *The Merry Wives* (I, 1, 279-87), dove si svolge in altro contesto e con altri personaggi, cioè George Page, Anne Page e Abraham Slender:

Page	Venez, venez.
Slender	Ah! passez devant, je vous prie.
Page	Allons, monsieur!
Slender	Mistress Anne, vous passerez la première.
Anne	Non pas, monsieur; je vous en prie, marchez devant.
Slender	Vraiment, non, je ne passerai pas le premier; vraiment, là, je ne vous ferai pas cette offense.
Anne	Je vous en prie, monsieur.

Atto secondo

Parte seconda

Una Sala nella casa di Ford.
Ampia finestra nel fondo. Porta a destra, porta a sinistra e un'altra
porta verso l'angolo di destra nel fondo che riesce sulla scala.
Un'altra scala nell'angolo del fondo a sinistra.
Dal gran finestrone spalancato si vede il giardino.
Un paravento chiuso sta appoggiato alla parete di sinistra accanto
ad un vasto camino.
Armadio addossato alla parete di destra.
Un tavolino, una cassapanca. Lungo le pareti un seggiolone e
qualche scranna. Sul seggiolone un liuto.
Sul tavolo dei fiori.

Alice, Meg, poi Quickly dalla porta a destra ridendo.
Poi Nannetta.[27]

Alice

Presenteremo un *bill*, per una tassa
Al parlamento, sulla gente grassa.[28]

---

27. Tutte le parti del libretto dove non agisce il protagonista, sono costruite molto più liberamente rispetto all'originale; questa scena non trova riscontro in Shakespeare, dove fra l'altro non c'è il racconto di Quickly.
28. *The Merry Wives* (II, 1, 28-29): "Ah! je veux présenter un bill au parlament pour la répression des hommes". Boito sostituisce all'esilio la tassa, ma precisa che essa viene applicata sulla "gente grassa", un'immagine che non si trova in F.-V. Hugo, e neppure nel testo di Shakespeare preso a riferimento ("Why, I'll exhibit a bill in the parliament for the putting down of men"). Ma in alcune edizioni shakespeariane si trova appunto l'immagine della gente grassa, "fat men", a partire da quella curata da Theobald nel 1733 ("The Works of Shakespeare... Collated with the Oldest Copies, and Corrected; With Notes... By Mr. Theobald", London, 1733). Evidentemente Boito lavorava facendo costanti riscontri con un testo inglese diverso da quello usato da F.-V. Hugo (e anche da Rusconi).
Il *bill* è un disegno di legge che, esaurito il procedimento costitutivo, diventerà un *act*. Il termine inglese venne qualche volta usato anche nel linguaggio parlamentare italiano.

Quickly *(entrando)*
　　Comari!

Alice *(accorrendo con Meg verso Quickly, mentre Annetta ch'è entrata anch'essa resta triste in disparte)*
　　　　Ebben?

Meg

　　　　　　Che c'è?

Quickly

　　　　　　　Sarà sconfitto!

Alice
　　Brava!

Quickly

　　　　Fra poco gli farem la festa!

Alice e **Meg**
　　Bene!

Quickly

　　　　Piombò nel laccio a capo fitto.

Alice
　　Narrami tutto, lesta.

Meg

　　　　　　Lesta.

Alice

　　　　　　　Lesta.

Quickly
　　Giunta all'Albergo della *Giarrettiera*
　　Chiedo d'essere ammessa alla presenza
　　Del Cavalier, segreta messaggera.
　　Sir John si degna d'accordarmi udienza,

M'accoglie tronfio in furfantesca posa:
«*Buon giorno, buona donna*»

                «*Reverenza*»

E a lui m'inchino molto ossequiosa-
mente, poi passo alle notizie ghiotte.
Lui beve grosso ed ogni mia massiccia
Frottola inghiotte.
Infine, a farla spiccia,[29]
Vi crede entrambe innamorate cotte
Delle bellezze sue. *(ad Alice)*
E lo vedrete presto ai vostri piè.

Alice

    Quando?

Quickly

          Oggi, qui, dalle due alle tre.

Alice e **Meg**

    Dalle due alle tre.

Alice

          Son già le due.
      (correndo subito all'uscio del fondo e chiamando)
Olà! Ned! Will![30] *(a Quickly)*
          Già tutto ho preparato.
      (torna a gridare dall'uscio verso l'esterno)
Portate qui la cesta del bucato.

---

29. PA: "alfin per farla spiccia".
30. Da queste battute il libretto segue di nuovo il testo di Shakespeare (III, 3): lo segue per sommi capi, con molte semplificazioni, e introducendo l'episodio degli scambi amorosi fra Nannetta e Fenton che nell'originale non si trovano.

Quickly
   Sarà un affare gaio!

Alice
   Nannetta, e tu non ridi? Che cos'hai?[31]
      (avvicinandosi a Nannetta ed accarezzandola)
   Tu piangi? Che cos'hai? Dillo a tua madre.

Nannetta *(singhiozzando)*
   Mio padre...

Alice
          Ebben?

Nannetta
             Mio padre...

Alice
                   Ebben?

Nannetta
                      Mio padre...
      (scoppiando in lagrime)
   Vuole ch'io mi mariti al Dottor Cajo!!

Alice
   A quel pedante?!

Quickly
          Oibò!

Meg
   A quel gonzo!

Alice
       A quel grullo!

---

31. Il tema delle nozze imposte a Nannetta dal padre si trova in Shakespeare, ma in altro contesto (III, 4, 76-92).

Nannetta

A quel bisavolo!

Alice

No! No!

Nannetta

No! No!
No! No! Piuttosto lapidata viva...

Alice

Da una mitraglia di torsi di cavolo.[32]

Quickly

Ben detto!

Meg

Brava!

Alice

Non temer.

Nannetta (*saltando di gioia*)

Evviva!
Col Dottor Cajo non mi sposerò!
(*intanto entrano due servi portando una cesta piena di biancheria*)

Alice (*ai servi*)

Mettete là. Poi, quando avrò chiamato,
Vuoterete la cesta nel fossato.[33]

---

32. *The Merry Wives* (III, 4, 84-85): "j'aimerais mieux être enterrée vive – et être lapidée avec des navets!". Nell'originale la battuta è pronunciata tutt'intera da Anne; nel libretto, la seconda parte, con il riferimento ai "torsi di cavolo" (più esattamente "rape", che corrisponde all'inglese "turnips"), passa ad Alice: la Nannetta di Boito e Verdi è troppo delicata per parlar di cavoli.
33. *The Merry Wives* (III, 3, 13-14): "...videz-le dans le fossé bourbeux, près du bord de la Tamise".

Nannetta
Bum!

Alice *(a Nannetta, poi ai servi che escono)*
Taci. – Andate.

Nannetta
Che bombardamento.

Alice *(corre a pigliare una sedia e la mette presso al tavolo)*
Prepariamo la scena. – Qua una sedia.

Nannetta *(corre a pigliare il liuto e lo mette sul tavolo)*
Qua il mio liuto.

Alice
Apriamo il paravento.[34]
(Nannetta e Meg corrono a prendere il paravento, lo aprono dopo
averlo collocato fra la cesta e il camino)
Bravissime! Così. – Più aperto ancora,
Fra poco s'incomincia la commedia.
Gaie comari di Windsor! è l'ora!
L'ora d'alzar la risata sonora!
L'alta risata che scoppia, che scherza,
Che sfolgora, armata
Di dardi e di sferza!
Gaie comari! festosa brigata!
Sul lieto viso
Spunti il sorriso
Splenda del riso l'acuto fulgor!
Favilla incendiaria

34. Il paravento non si trova in Shakespeare: esso è stato introdotto da Boito per permettere gli amori furtivi di Fenton e Nannetta.

Di gioia nell'aria,
Di gioia nel cor.[35] *(a Meg)*
A noi! – Tu la parte
Farai che ti spetta.

Meg *(ad Alice)*

Tu corri il tuo rischio
Col grosso compar.

Quickly

Io sto alla vedetta.

Alice *(a Quickly)*

Se sbagli ti fischio.[36]

Nannetta

Io resto in disparte
Sull'uscio a spiar.

Alice

E mostreremo all'uom che l'allegria
D'oneste donne ogni onestà comporta.
Fra le femine quella è la più ria
Che fa da gattamorta.[37]

---

35. Nessun riscontro in Shakespeare di questa allocuzione di Alice, che è tipicamente boitiana.

36. *The Merry Wives* (III, 3, 33-34): "...rappelez-vous votre rôle. – Je t'en réponds; si je ne le joue pas bien, siffle-moi".

37. Questi quattro versi di Alice in Shakespeare sono invece pronunciati da Meg, e si riferiscono ad altra scena, cioè alla seconda delle tre burle fatte a Falstaff, quella che finisce con il suo travestimento da grassa cameriera Brainford. Il testo inglese dice letteralmente (IV, 2, 95-98): "Proveremo con quel che faremo, che una sposa può esser lieta e insieme onesta; non facciamo il male noi che spesso ridiamo e scherziamo. È vero il vecchio proverbio: sono i porci cheti che mangiano tutti i rifiuti". Sia F.-V. Hugo che Rusconi ricorrono qui al proverbio dell'acqua morta: "l'acqua che dorme è la più pericolosa – il n'est pire eau que l'eau qui dort". Boito è il più vicino a Shakespeare con il riferimento alla "gattamorta".

Quickly *(che sarà andata alla finestra)*
Eccolo! È lui!

Alice

Dov'è?

Quickly

Poco discosto.

Nannetta
Presto.

Quickly

A salir s'avvia.

Alice *(prima a Nannetta indica l'uscio a sinistra; poi a Meg indicando l'uscio di destra)*
Tu di qua. Tu di là.

Nannetta *(esce correndo da sinistra)*

Al posto!

Meg *(esce correndo da destra con Quickly)*

Al posto!

Alice sola. Poi *Falstaff*.[38] Poi *Quickly*. Poi *Meg*.

(Alice si sarà seduta accanto al tavolo, avrà preso il liuto toccando qualche accordo)

Falstaff *(entra con vivacità – vedendola suonare si mette a cantarellare)*
   Alfin t'ho colto
   Raggiante fior,
 T'ho colto!

   (prende Alice pel busto. Alice avrà cessato di suonare
      e si sarà alzata)
   Ed or potrò morir felice.
 Avrò vissuto molto
 Dopo quest'ora di beato amor.[39]

Alice
 O soave sir John![40]

Falstaff
     Mia bella Alice!
 Non so far lo svenevole,
 Né lusingar, né usar frase fiorita,
 Ma dirò tosto un mio pensier colpevole.[41]

Alice
 Cioè?

---

38. Appena entra Falstaff, il libretto torna a seguire quasi parola per parola l'originale.
39. *The Merry Wives* (III, 3, 38-40): "T'ai-je donc attrapé, mon céleste bijou? Ah! puissé-je mourir en ce moment! car j'ai assez vécu: voici le comble de mon ambition. O heure bénie!". Le prime parole di Falstaff ("Have I caught thee, my heavenly jewel") sono la citazione da un sonetto di Philip Sidney (1591), e appaiono parafrasate anche nell'opera di Nicolai, "Alfin t'ho presa al laccio, / o gemma senza par!".
40. *The Merry Wives* (III, 3, 41): "O suave sir John!".
41. PA: "ma dirò solo un mio pensier colpevole".

Falstaff

Cioè:
Vorrei che Mastro Ford
Passasse a miglior vita...[42]

Alice

Perché?

Falstaff

Perché? – Lo chiedi?
Saresti la mia Lady
E Falstaff il tuo Lord.

Alice

Povera Lady inver!

Falstaff

Degna d'un Re.
T'immagino fregiata del mio stemma,
Mostrar fra gemma e gemma
La pompa del tuo sen.
Nell'iri ardente e mobile dei rai
Dell'adamante,
Col picciol piè nel nobile
Cerchio d'un guardinfante
Risplenderai
Più fulgida d'un ampio arcobalen..

Alice

Ogni più bel gioiel mi nuoce e spregio
Il finto idolo d'or.
Mi basta un vel legato in croce, un fregio
Al cinto e in testa un fior.

(si mette un fiore nei capelli)

---

42. PA: "andasse a miglior vita".

Falstaff *(per abbracciarla)*
> Sirena!

Alice *(facendo un passo indietro)*
> Adulator!

Falstaff
> Soli noi siamo
E non temiamo agguato.

Alice
> Ebben?

Falstaff
> Io t'amo!

Alice *(scostandosi un poco)*
> Voi siete nel peccato!

Falstaff *(avvicinandola)*
> Sempre l'amor l'occasione azzecca.

Alice
> Sir John!

Falstaff
> Chi segue vocazion non pecca.
T'amo! e non è mia colpa...

Alice *(interrompendolo)*
> Se tanta avete vulnerabil polpa.[43]

---

43. Verdi scrive: "Pregare Boito – Dopo i versi di Fals.
> T'amo e non è mia colpa
> S'io tanta porto vulnerabil polpa
aggiungere due versi ad Alice
> Ah!
> Ma i sospiri d'amor
> Gonfiano e il cor".
Da questa annotazione si può arguire che in un primo tempo era lo stesso Falstaff a darsi lo spunto per lo squarcio di "Quand'ero paggio", alludendo alla propria

Falstaff

    Quand'ero paggio[44]
    Del Duca di Norfolk, ero sottile,
    Ero un miraggio
    Vago, leggiero, gentile, gentile.
    Quello era il tempo del mio verde Aprile,
    Quello era il tempo del mio lieto Maggio.
    Tanto ero[45] smilzo, flessibile e snello
    Che avrei guizzato attraverso un anello.[46]

Alice

    Voi mi celiate.
    Io temo i vostri inganni.
    Temo che amiate...

Falstaff

    Chi?

Alice

      Meg.

"vulnerabil polpa". Poi Verdi sentì il bisogno di inserire, tra la frase di Falstaff e "Quand'ero paggio", un breve intervento di Alice, allo scopo evidente di dare migliore stacco al pezzo di Falstaff, che gli era particolarmente riuscito. Propose lui stesso le parole a Boito, che accettò l'idea dell'inserto di Alice, ma modificandone profondamente, e abilmente, il senso: è cioè la stessa Alice, ironicamente, a dare lo spunto a Falstaff per la sua ballata sulla magrezza d'un tempo.
44. Lo spunto per la ballata di Falstaff è tratto da *1 Henry IV* (II, 4, 322-27), in tutt'altra situazione. Il Principe accoglie Falstaff ironizzando sulla sua grassezza, ed egli risponde rievocando il tempo della sua "magra" giovinezza: "Quand j'avais ton âge, Hal, j'avais la taille plus mince que la serre d'un aigle; je me serais faufilé dans l'anneau d'un alderman".
45. Nella prima edizione del libretto "tanto era smilzo", con la desinenza letteraria in –a della prima persona singolare dell'imperfetto. Ma avrebbe creato confusione con i due precedenti "era" (terza persona singolare), ed è stato quindi modificato.
46. PA: "che sarei passato attraverso d'un anello". In seguito è stata adottata nel canto la dizione "che sarei guizzato attraverso un anello", al posto della versione librettistica "che avrei guizzato attraverso un anello".

Falstaff

        Colei? M'è in uggia la sua faccia.

Alice

    Non traditemi John...

Falstaff

                  Mi par mill'anni
    D'averti fra le braccia.
           (rincorrendola e tentando d'abbracciarla)
    T'amo...

Alice *(difendendosi)*

           Per carità!...

Falstaff *(la prende attraverso il busto)*
    Vieni!

Quickly *(dall'antisala gridando)*
        Signora Alice!

Falstaff *(abbandona Alice e rimane turbato)*
              Chi va là?

Quickly *(entrando e fingendo agitazione)*
    Signora Alice!

Alice

          Che c'è?

Quickly *(rapidamente interrotta dalla foga)*
              Mia signora!
    C'è Mistress Meg, e vuol parlarvi, sbuffa,...
    Strepita, s'abbaruffa...[47]

---

47. In *The Merry Wives* (III, 3, 79-81) questo avvertimento non è Quickly a lanciarlo, bensì il paggio Robin.

Falstaff

Alla malora!

Quickly

E vuol passar e la trattengo a stento...

Falstaff

Dove m'ascondo?

Alice

Dietro il paravento.[48]

(Falstaff si rimpiatta dietro il paravento.
Quando Falstaff è nascosto, Quickly fa cenno a Meg che sta dietro l'uscio di destra:
Meg entra fingendo d'essere agitatissima.
Quickly torna ad escire)

Meg

Alice! che spavento!
Che chiasso! Che discordia!
Non perdere un momento,
Fuggi!...

Alice

Misericordia!
Che avvenne?[49]

Meg

Il tuo consorte
Vien gridando *accorr'uomo!*
Dice...

Alice *(presto a bassa voce)*

(Parla più forte.)

---

48. In Shakespeare, dove manca il paravento, Falstaff si nasconde dietro un arazzo.
49. "Che avvenne?" non è musicato.

Meg

    Che vuol scannare un uomo![50]

Alice *(come sopra)*

    (Non ridere.)

Meg

       Ei correva
    Invaso da tremendo
    Furor! Maledicendo
    Tutte le figlie d'Eva![51]

Alice

    Misericordia!

Meg

       Dice
    Che un tuo ganzo hai nascosto,
    Lo vuole ad ogni costo
    Scoprir...

Quickly *(ritornando spaventatissima e gridando più di prima)*[52]

     Signora Alice!
    Vien Mastro Ford! Salvatevi!
    È come una tempesta!

---

50. In Shakespeare non è del tutto chiaro se Meg parla davvero o per burla, dato che non ci sono gl'interventi sottovoce di Alice: sta agli attori scegliere una o l'altra possibilità scenica. Invece, nell'articolazione della seconda burla (che nel libretto non c'è), ci sono sia gl'interventi sottovoce di Alice ("Parlez plus haut", IV, 2, 14), sia l'elemento del passaggio progressivo dallo scherzo alla realtà. In ogni caso è sempre Meg a parlare, e non c'è l'irrompere di Quickly, che nel libretto muta improvvisamente la situazione da scherzosa in drammatica.
51. Questa battuta è tratta dalla seconda burla architettata dalle donne ai danni di Falstaff. *The Merry Wives* (IV, 2, 17-20): "...votre mari a été repris par ses vieilles lunes; [...] il maudit toutes les filles d'Eve...".
52. Come già notato, l'arrivo di Quickly è un'invenzione di Boito.

Strepita, tuona, fulmina,
Si dà dei pugni in testa,[53]
Scoppia in minaccie ed urla...

Alice (*avvicinandosi a Quickly a bassa voce e un poco allarmata*)
(Dassenno oppur da burla?)

Quickly (*ancora ad alta voce*)
Dassenno. Egli scavalca
Le siepi del giardino...
Lo segue una gran calca
Di gente... è già vicino...
Mentr'io vi parlo ei valca
L'ingresso...[54]

Ford (*di dentro urlando*)
Malandrino!!!

Falstaff (*sgomentatissimo avrà già fatto un passo per fuggire dal paravento, ma udendo la voce dell'uomo torna a rimpiattarsi*)
Il diavolo cavalca
Sull'arco di un violino!![55]
(*Alice con una mossa rapidissima lo chiude nel paravento in modo che non è più veduto.*)

---

53. *The Merry Wives* (IV, 2, 21-22): "il se frappe le front en criant: percez! percez donc!".
54. PA: "mentr'io vi parlo ei valica l'ingresso", e così è rimasto nel canto. Il libretto non ha modificato "valca", per la rima con "scavalca" e "calca".
55. Questa frase è tratta da *1 Henry IV* (II, 4, 481-82): "Le diable chevauche sur un archet de violon!". È un'esclamazione di Falstaff, quando apprende di essere inseguito per furto dallo Sceriffo e dai suoi uomini; il Principe allora lo nasconde dietro un arazzo. "The Devil's leading this dance" è un antico proverbio inglese, per dire che sta per accadere qualcosa di grosso.

Alice, Meg, Quickly, M.r Ford,
poi subito il D.r Cajus, poi Fenton, poi Bardolfo e Pistola, poi Nannetta.
Falstaff sempre nascosto nel paravento.

Ford *(dal fondo gridando rivolto a chi lo segue)*
Chiudete le porte! Sbarrate le scale!
Seguitemi a caccia! Scoviamo il cignale!
(entrano correndo il D.r Cajus e Fenton)
Correte sull'orme, sull'usta. *(a Fenton)*
Tu fruga[56]
Negli anditi.

Bardolfo e **Pistola** *(irrompono nella sala gridando, mentre Fenton corre a sinistra)*
A caccia!

Ford *(a Bardolfo e Pistola indicando la camera a destra)*
Sventate la fuga!
Cercate là dentro!
(Bardolfo e Pistola si precipitano nella camera coi bastoni levati)

Alice *(affrontando Ford)*
Sei tu dissennato?
Che fai?

Ford *(vede il cesto)*
Chi c'è dentro quel cesto?

Alice

Il bucato.

56. Usta, il fiuto che i cani hanno della preda.

Ford

Mi lavi!! rea moglie! –[57]

(consegnando un mazzo di chiavi al D.r Cajus, che escirà correndo
dall'uscio di sinistra)

Tu, piglia le chiavi,
Rovista le casse, va. –[58]

(rivolgendosi ancora ad Alice)

Ben tu mi lavi!

(dà un calcio alla cesta)

Al diavolo i cenci! –

(gridando verso il fondo)

Sprangatemi l'uscio
Del parco! –

(estrae furiosamente la biancheria dalla cesta, frugando e cercando dentro,
e disseminando i panni sul pavimento)

Camicie... gonnelle... – Or ti sguscio
Briccon! – Strofinacci! Via! Via! – Cuffie rotte!
– Ti sguscio. – Lenzuola... berretti da notte...
– Non c'è...

(rovescia la cassa)

Alice, **Meg**, **Quickly** *(guardando i panni sparsi)*

Che uragano!!

---

57. Nel testo inglese si gioca sul doppio significato di "buck", che vuol dire biancheria sporca, e anche daino, un animale con le corna, un attributo che Ford è ormai convinto di possedere. Sia F.-V. Hugo che Boito alludono invece a un generico desiderio di Ford di lavarsi dagli insulti della moglie. Il libretto sfrutta elementi della prima e della seconda burla. Nella prima Falstaff viene nascosto dietro un arazzo, poi nella cesta; quando Ford la vede, chiede dove venga portata, ma non la fruga. Poi viene a sapere dallo stesso Falstaff che egli era riuscito a fuggire nascosto nella cesta. Quindi, nel corso della seconda burla, Ford si precipita direttamente alla cesta, e butta in aria tutta la biancheria, ma Falstaff riesce a fuggire travestito da vecchia cameriera grassa.
58. "Va'" non è musicato.

Ford *(correndo e gridando, esce dalla porta a sinistra)*
                    Cerchiam sotto il letto,
Nel forno, nel pozzo, nel bagno, sul tetto,
In cantina...

Meg
          È farnetico!

Quickly
                    Cogliam tempo.

Alice
                              Troviamo
Modo com'egli fugga.

Meg
               Nel panier.

Alice
                         No, là dentro
Non c'entra, è troppo grosso.

Falstaff *(sbalordito, ode le parole d'Alice, sbuca e corre alla cesta)*
                    Vediam; sì c'entro, c'entro.

Alice
Corro a chiamare i servi.

                              (esce)

Meg *(a Falstaff, fingendo sorpresa)*
               Sir John! Voi qui? Voi?

Falstaff *(entrando nella cesta)*
                              T'amo!
Amo te sola... salvami! salvami![59]

59. *The Merry Wives* (III, 3, 130): "Je t'aime, sauve-moi".

Quickly *(a Falstaff, raccattando i panni)*

Svelto!

Meg

Lesto!

Falstaff *(accovacciandosi con grande sforzo nella cesta)*
Ahi!... Ahi!... Ci sto... – Copritemi...

Quickly *(a Meg)*

Presto! colmiamo il cesto.

(fra tutte e due con gran fretta ricacciano la biancheria nel cesto.)

Meg e *Quickly* attendono a nascondere *Falstaff* sotto la biancheria mentre *Nannetta* e *Fenton* entrano da sinistra.

Nannetta *(sottovoce, con cautela a Fenton)*
(Vien qua.

Fenton
Che chiasso!

Nannetta *(avviandosi al paravento: Fenton la segue)*
Quanti schiamazzi!
Segui il mio passo.

Fenton
Casa di pazzi!

Nannetta
Qui ognun delira
Con vario error.
Son pazzi d'ira...

Fenton
E noi d'amor.

Nannetta *(lo prende per mano, lo conduce dietro il paravento e vi si nascondono)*
Seguimi. Adagio.

Fenton
Nessun mi ha scorto.

Nannetta
Tocchiamo il porto.

Fenton
Siamo a nostr'agio.

Nannetta
Sta' zitto e attento.

Fenton *(abbracciandola)*

Vien sul mio petto!

Nannetta

Il paravento
Sia benedetto!)

Nannetta e *Fenton* nascosti nel paravento.
M.r Ford ed il *D.r Cajus* da sinistra,
Bardolfo e *Pistola* da destra con Gente del vicinato.
Quickly e *Meg* accanto alla cesta dove c'è *Falstaff* nascosto.
Poi ritornerà *Alice* dal fondo.

D.r Cajus *(urlando di dentro)*
Al ladro!

Ford *(come sopra)*
Al pagliardo![60]

D.r Cajus *(entra, traversando di corsa la sala)*
Squartatelo!

Ford *(come sopra)*
Al ladro!
(incontrando Bardolfo e Pistola che corrono da destra)

C'è?

Pistola
No.

Ford *(a Bardolfo)*
C'è?

Bardolfo
Non c'è, no.

Ford *(correndo, cercando e frugando nella cassapanca)*
Vada a soqquadro
La casa.
(Bardolfo e Pistola escono da sinistra)

D.r Cajus *(dopo aver guardato nel camino)*
Non trovo nessuno.

---

60. Pagliardo, miserabile: dal francese "paillard", chi dorme sulla paglia.

Ford

Eppur giuro,
Che l'uomo è qua dentro. Ne sono sicuro!
Sicuro! Sicuro!

D.r Cajus

Sir John! Sarò gaio
Quel dì ch'io ti veda dar calci a rovaio![61]

Ford (*slanciandosi contro l'armadio e facendo sforzi per aprirlo*)
T'arrendi, furfante! T'arrendi! O bombardo
Le mura![62]

D.r Cajus (*tenta aprire l'armadio colle chiavi*)
T'arrendi!

Ford

Vien fuora! Codardo!
Sugliardo![63]

Bardolfo e **Pistola** (*dalla porta di sinistra, di corsa*)
Nessuno!

Ford (*a Bardolfo e Pistola mentre continua a sforzare l'armadio col D.r Cajus*)
Cercatelo ancora!
(*Bardolfo e Pistola ritornano subito d'onde erano venuti*)
T'arrendi! Scanfardo![64]
(*riesce finalmente ad aprire l'armadio*)
Non c'è!!

---

61. Dar calci a rovaio, cioè essere impiccato. Il rovaio è un freddo vento di tramontana.
62. PA: "vien fuora, furfante! O bombardo le mure!": questa dizione è stata definitivamente adottata.
63. Sugliardo, sporco.
64. Scanfardo: il termine è usato al femminile, scanfarda o scafarda, cioè vassoio, e da qui puttana. Al maschile può significare puttaniere.

D.r Cajus *(aprendo a sua volta la cassapanca)*

Vieni fuora!

Non c'è!

(gira per la sala sempre cercando e frugando)
Pappalardo! Beòn! Bada a te!

Ford *(come un ossesso aprendo il cassetto del tavolino)*
Scagnardo! Falsardo! Briccon!![65]

(Nannetta e Fenton sempre dietro il paravento si saran fatte moine durante il frastuono)

Nannetta e **Fenton** *(si danno un bacio sonoro nel posto del verso marcato dall'asterisco)*

(*)!

(in questo punto è cessato il baccano e tutti sentono il susurro del bacio)

Ford *(sottovoce, guardando il paravento)*

C'è.

D.r Cajus *(come sopra)*

C'è.[66]

---

65. Pappalardo: mangione, e anche ipocrita. Scagnardo: ringhioso come un cane. Falsardo: falsificatore.
66. Il lungo concertato viene impaginato sul libretto in tre doppie pagine, divise verticalmente in tre sezioni, "intorno al paravento", "nel paravento" e "intorno alla cesta". La sezione centrale "nel paravento" viene a trovarsi nel punto di piegatura della doppia pagina; si è quindi preferito sistemare nelle pagine pari di sinistra la prima sezione "intorno al paravento", e nelle pagine dispari di destra le altre due sezioni.

(Intorno al paravento)

Ford *(avviandosi pian piano e cautamente al paravento)*
                    Se t'agguanto!

D.r Cajus *(come sopra)*
                         Se ti piglio!

Ford
               Se t'acciuffo!

D.r Cajus
                       Se t'acceffo![67]

Ford
               Ti sconquasso!

D.r Cajus
                         T'arronciglio[68]
               Come un can!

Ford
                         Ti rompo il ceffo!

D.r Cajus
               Guai a te!

Ford
                    Prega il tuo santo!

D.r Cajus
               Guai se alfin con te m'azzuffo!
               Se ti piglio!

Ford
                    Se t'agguanto!

67. Acceffare: prendere il cane per il muso.
68. Arroncigliare: prendere col ronciglio, ferro adunco per uncinare.

(Nel paravento)

Nannetta

(a Fenton)

Mentre quei vecchi
Corron lor giostra
Noi di sottecchi
Corriam la nostra.
L'amor non ode
Tuon né bufere,
Vola alle sfere
Beate e gode.

Fenton

(a Nannetta)

Bella! ridente!
Oh! come pieghi
Verso i miei prieghi
Donnescamente!

(Intorno alla cesta)

Quickly

(accanto alla cesta, a Meg)

Facciamo le viste
D'attendere ai panni;
Pur ch'ei non c'inganni
Con mosse impreviste.
Fin'or non s'accorse
Di nulla; egli può
Sorprenderci forse,
Confonderci no.

Meg

(accanto alla cesta, a Quickly)

Facciamogli siepe
Fra tanto scompiglio.
Ne' giuochi il periglio
È un grano di pepe.
Il rischio è un diletto
Che accresce l'ardor,
Che stimola in petto
Gli spiriti e il cor.

Falstaff

(sbucando colla faccia)[69]

Affogo!

Quickly

(ricacciandolo giù)

Sta sotto.

---

69. Questo è un soggetto comico che a Verdi piaceva moltissimo, fin dalla prima idea del *Falstaff*; forse perché in Shakespeare non ve n'è accenno.

(Intorno al paravento)

D.r Cajus

Se t'acceffo!

Ford

Se t'acciuffo!

Bardolfo *(rientrando da sinistra)*

Non si trova.

Pistola *(rientrando con alcuni del vicinato)*

Non si coglie.

Ford *(a Bardolfo, Pistola e loro compagni)*

Psss... Qua tutti.
(sottovoce con mistero, indicando il paravento)

L'ho trovato.

Là c'è Falstaff con mia moglie.

Bardolfo

Sozzo can vituperato!

Ford

Zitto!

Pistola e **D.r Cajus**

Zitto!

Ford

Urlerai dopo.

Là s'è udito il suon d'un bacio.

(**Nel paravento**)

Nannetta
L'attimo ancora
Cogliam che brilla,
È la scintilla
Viva dell'ora.

Fenton
Come ti vidi
M'innamorai,
E tu sorridi
Perché lo sai.

Nannetta
Lo spiritello
D'amor, volteggia.[70]

Fenton
Già un sogno bello
D'Imene albeggia.

(**Intorno alla cesta**)

Meg
Or questi s'insorge.

Quickly *(abbassandosi e parlando a Falstaff sulla cesta)*
Se l'altro ti scorge
Sei morto.

Falstaff *(rispondendo sotto la biancheria)*
             Son cotto!

Meg
Sta sotto!

Falstaff *(sbucando)*
             Che caldo!

Quickly
Sta sotto!

Falstaff
             Mi squaglio!

Quickly
Sta sotto!

Meg
             Il ribaldo
Vorrebbe un ventaglio.

70. PA: "folleggia"

(Intorno al paravento)

Bardolfo

Noi dobbiam pigliare il topo
Mentre sta rodendo il cacio.

Ford

Ragioniam. Colpo non vibro
Senza un piano di battaglia.

Gli altri

Bravo.

D.r Cajus

Un uom di quel calibro
Con un soffio ci sbaraglia.

Ford

La mia tattica maestra
Le sue mosse pria registra.
(a Pistola e a due compagni)
Voi sarete l'ala destra,
(a Bardolfo e al D.r Cajus)
Noi sarem l'ala sinistra,
(agli altri compagni)
E costor con piè gagliardo
Sfonderanno il baluardo.

Tutti gli altri

Bravo.

D.r Cajus

Bravo Generale,
Aspettiamo un tuo segnale.

114

(Nel paravento)

Nannetta[71]

Tutto delira,
Sospiro e riso.
Sorride il viso
E il cor sospira.
Come in sua zolla
Si schiude un fior,
La sua corolla
Svolve il mio cor.

Fenton[72]

Fra quelle ciglia
Vedo due fari[75]
A meraviglia
Sereni e chiari.
Bocca mia dolce!
Pupilla d'or.
Voce che molce
Com'arpa il cor.

(Intorno alla cesta)

Falstaff (supplicante, col naso fuori)
Un breve spiraglio
Non chiedo di più.

Quickly
Ti metto il bavaglio
Se parli.

Meg (ricacciandolo sotto la biancheria)
Giù!

Quickly (come sopra)
Giù!

Meg[73]
(a Quickly)
Sta zitta! Se ridi
La burla è scoperta.
Dobbiam stare all'erta.
Tu il giuoco disguidi.
Geloso marito,
Compare sfacciato,
Ciascuno è punito
Secondo il peccato.
Parliam sottovoce
Guardando il Messer
Che brontola e cuoce
Nel nostro panier.

Quickly[74]
(a Meg)
Stiam zitte! stiam zitte.
Trattieni le risa,
Se l'altro s'avvisa
Noi siamo sconfitte.
Costui suda e soffia,
S'intrefola e tosse,
Per gran battisoffia
Le viscere ha scosse.
Costui s'è infardato[76]
Di tanta viltà
Che darlo al bucato
È averne pietà.

---

71. Sono musicati solo i primi quattro versi.
72. Sono musicati solo i primi quattro versi.
73. Sono musicati solo gli ultimi quattro versi.
74. Sono musicati solo gli ultimi quattro versi.
75. PA: "veggo due fari".
76. Infardato: insudiciato.

(Intorno al paravento)

Ford[77] *(al D.r Cajus accostando l'orecchio al paravento)*

Senti, accosta un po' l'orecchio!
Che patetici lamenti!!
Là c'è Alice e qua c'è il vecchio
Seduttore. Senti! senti!
Essi credon d'esser soli
Nel lor tenero abbandon.
Su quel nido d'usignuoli
Scoppierà fra poco il tuon.

D.r Cajus[78] *(a Ford accostando l'orecchio al paravento)*

Sento, intendo e vedo chiaro
Delle femmine gl'inganni,
Non vorrei, compare caro,
Esser io ne' vostri panni.
Chi non sa ridur la moglie
Colle buone alla ragion
Dovrà vincer le sue voglie
Colla frusta e col baston.

Bardolfo[79] *(a Pistola)*

Vieni qui, fatti più presso,
Vieni a udir gli ascosi amanti.
S'ode un murmure sommesso
Qual di tortore tubanti.
È un fruscìo che par di gonna,
Un fruscìo vago e legger;
È la voce della donna
Che risponde al cavalier.

Pistola[80] *(a Bardolfo)*

Odi come amor lo cuoce!
Pare Alfèo con Aretusa.
Quella gonfia cornamusa
Manda fuori un fil di voce.
Ma fra poco il lieto gioco
Turberà dura lezion.
Egli canta, ma fra poco
Muterà la sua canzon.

Gente del vicinato[81]

– Piano, piano, a passo lento
Mentr'ei sta senza sospetto
Lo cogliamo a tradimento,
Gli facciamo lo sgambetto.
S'egli cade più non scappa,
Nessun più lo può salvar.
– Nel tuo diavolo t'incappa,
Che tu possa stramazzar!

---

77. Sono musicati solo i primi due e gli ultimi due versi.
78. Sono musicati solo i primi due versi. Il D.r Cajus dice "femmine"; negli altri tre casi in cui ricorre la parola (Fenton I, 2; Falstaff II, 1; Alice II, 2) è scritto "femina". Forse non è un refuso. Nelle parole del D.r Cajus ricorrono molte doppie (inganni-vorrei-esser-panni-colle-alla-colla) che hanno in qualche modo "contaminato" la forma preferita "femina".
79. Sono musicati solo gli ultimi due versi.
80. Sono musicati solo gli ultimi quattro versi.
81. Sono musicati solo gli ultimi quattro versi.

(Nel paravento)

(Intorno alla cesta)

Nannetta
Dolci richiami
D'amor.

Falstaff *(sbucando e sbuffando)*
Ouff!... Cesto molesto!

Fenton
Te bramo![82]
Dimmi se m'ami!

Alice *(che è rientrata e si sarà avvicinata alla cesta)*
Silenzio!

Falstaff *(sbucando)*
Protesto!

Nannetta
Sì, t'amo!

Meg e **Quickly**
Che bestia restìa!

Fenton
T'amo!

Falstaff *(gridando)*
Portatemi via!

Meg
È matto furibondo!

Falstaff *(si nasconde)*
Aiuto!

Alice, Meg, Quickly
È il finimondo!

---

82. "Te bramo!" non è musicato.

(Intorno al paravento)

Ford *(agli altri)*

> Zitto! A noi! Quest'è il momento.
> Zitto! Attenti! Attenti a me.

D.r Cajus

> Dà il segnal.

Ford

> Uno... Due... Tre.
> *(rovesciano il paravento)*

Tutti

> Non è lui!!

Ford *(ravvisando la figlia con Fenton)*

> Sbalordimento![83]

(nel rovesciarsi del paravento, Nannetta e Fenton rimangono scoperti e confusi)

Ford *(a Nannetta con furia)*

Ancor nuove rivolte! –

> *(a Fenton)*
> Tu va' pe' fatti tuoi!

L'ho detto mille volte: costei non fa per voi.

> *(Nannetta sbigottita fugge e Fenton esce dal fondo)*

---

83. "Non è lui!!", che nella prima edizione del libretto è affidato a Tutti, in PA e nelle edizioni definitive è affidato al solo D.r Cajus; il seguente "Sbalordimento!", che era destinato al solo Ford stupito di vedere la figlia insieme a Fenton, passa agli uomini, cioè, oltre a Ford, Bardolfo, Pistola e Gente del vicinato, mentre il D.r Cajus dopo un attimo si unisce con "Ah!". Inoltre Alice, Meg e Quickly cantano "È il fini-mondo!", mentre Nannetta e Fenton uniscono il loro "Ah!" a quello del D.r Cajus.

Bardolfo e **Pistola** (*correndo verso il fondo*)
È là! Ferma!

Ford
      Dove?

Bardolfo (*correndo*)
        Là!

Pistola (*correndo*)
          Là! sulle scale.

Ford
Squartatelo!

Pistola, **Bardolfo**, **D.r Cajus** ed i compagni
      A caccia!

Quickly
        Che caccia infernale!
    (*tutti gli uomini salgono a corsa la scala del fondo*)

Alice (*scampanellando*)
Ned! Will! Tom! Isaac! Su! Presto! Presto!
     (*Nannetta rientra con quattro servi e un paggetto*)
Rovesciate quel cesto
Dalla finestra nell'acqua del fosso...
Là! presso alle giuncaie
Davanti al crocchio delle lavandaie...[84]

Tutte
Sì, sì, sì, sì!

Nannetta (*ai servi che s'affaticano a sollevare la cesta*)
     C'è dentro un pezzo grosso.

84. PA: "davanti il fosso delle lavandaie".

Alice *(al paggetto, che poi esce dalla scala nel fondo)*
Tu chiama mio marito;
> *(a Meg, mentre Nannetta e Quickly stanno a guardare i servi che*
> *avranno sollevata la cesta)*

Gli narreremo il nostro caso pazzo.
Solo al vedere il Cavalier nel guazzo
D'ogni gelosa ubbìa sarà guarito.

Quickly *(ai servi)*
Pesa!

Alice e **Meg** *(ai servi che sono già vicini alla finestra)*
    Coraggio!

Nannetta
        Il fondo ha fatto *crac*!

Nannetta, **Meg** e **Quickly**
Su!
> *(la cesta è portata in alto)*

Alice
    Trionfo!

Tutte
        Trionfo!
Ah! Ah!

Alice
      Che tonfo!

Nannetta e **Meg**
Che tonfo!

> *(la cesta, Falstaff e la biancheria capitombolano giù dalla finestra)*

Tutte

Patatrac!

*(gran grido e risata di donne dall'esterno; immensa risata di Alice,
Nannetta, Meg e Quickly. Ford e gli altri uomini rientrano; Alice vedendo Ford lo
piglia per un braccio e lo conduce rapidamente alla finestra.)*[85]

85. In Shakespeare, al termine di questa burla Ford resta all'oscuro di tutto; la moglie
lo informa solo al termine della seconda burla, non utilizzata dal libretto. Bisogna
dire che l'informazione a Ford da parte di Alice, nel libretto viene risolta troppo
sbrigativamente, nei pochi istanti di musica che precedono la chiusura del sipario.

Atto terzo[1]

Parte prima

Un piazzale.
A destra l'esterno dell'Osteria della Giarrettiera coll'insegna
e il motto: Honni soit qui mal y pense.[2] *Una panca di fianco*
al portone. È l'ora del tramonto.

Falstaff, poi l'Oste.

Falstaff[3] *(seduto sulla panca, meditando. Poi si scuote, dà un gran pugno sulla panca e rivolto verso l'interno dell'osteria chiama l'Oste)*
Ehi! Taverniere!

(ritorna meditabondo)

---

1. Fin dalla lettera del 6 luglio 1889, primo documento falstaffiano, Verdi esprime qualche preoccupazione per il terzo atto, durante il quale l'interesse tende a calare. Boito rassicura Verdi, affermando che la debolezza nelle conclusioni è un male comune delle commedie: "nella commedia quando il nodo sta per sciogliersi l'interesse diminuisce sempre...". Verdi è d'accordo solo in parte: "se nella commedia (come dite) c'è un punto in cui si dice in platea: *è finita!* e sulla scena non è *finita* ancora; bisogna allora trovare qualche cosa che possa legare fortemente l'attenzione o dal lato comico, o dal lato musicale". Il maggior lavoro di librettista e compositore sarà quello di dare la migliore evidenza all'ambiente fantastico della seconda parte, di introdurre lo spunto della bastonatura, e di colorire l'episodio dei due matrimoni in maschera.
2. L'Ordine della Giarrettiera (*Order of the Garter*) venne istituito da re Edoardo III intorno al 1347: ne fanno parte il sovrano, Gran Maestro dell'Ordine, e 24 Cavalieri scelti fra cittadini inglesi illustri e principi di case sovrane estere. La festa è il 23 aprile, giorno di San Giorgio. L'insegna dell'ordine è la giarrettiera di velluto azzurro scuro listata d'oro, con fibbia e puntale d'oro, e il motto "Honi [altra grafia della prima parola *Honni* e anche *Honny*] soit qui mal y pense": sia svergognato colui che ne pensa male. L'origine della frase, come del resto l'origine dell'ordine, non è storicamente accertata. Nella *Historia Anglica* (1534-50) di Polidoro Vergilio si riporta la leggenda secondo la quale l'ordine fu istituito da Edoardo III in onore della propria amante, la contessa di Salisbury, alla quale durante il ballo era caduta una giarrettiera: il re si chinò a raccoglierla, rimproverando, con la frase citata, i cortigiani che sorridevano.
3. Il monologo di Falstaff è basato essenzialmente sulla scena corrispondente di *The Merry Wives* (III, 5, 3-21), ma con elementi tratti da *1 Henry IV* (II, 4, 111-31).

Reo mondo![4] Mondo ladro. – Mondo rubaldo.

(l'Oste dall'osteria, riceve l'ordine e rientra)

Taverniere: un bicchier di vin caldo.[5]

Io, dunque, avrò vissuto tanti anni, audace e destro
Cavaliere, per essere portato in un canestro
E gittato al canale co' pannilini biechi,
Come si fa coi gatti e i catellini ciechi.[6]
Che se non galleggiava per me quest'epa tronfia
Certo affogavo. – Brutta morte. – L'acqua mi gonfia.[7]
Mondo reo. – Non c'è più virtù. – Tutto declina.
Va', vecchio John, va', va' per la tua via; cammina
Finché tu muoia. – Allor scomparirà la vera
Virilità dal mondo.[8]

Che giornataccia nera.

M'aiuti il ciel! – Impinguo troppo. – Ho dei peli grigi.

(ritorna l'Oste portando su d'un vassoio un gran bicchiere di vino caldo. – Mette il
bicchiere sulla panca e rientra nell'osteria)

Versiamo un po' di vino nell'acqua del Tamigi.[9]

(beve sorseggiando e assaporando. Si sbottona il panciotto, si sdraia, ribeve a sorsate,
rianimandosi poco a poco)

---

4. *1 Henry IV* (II, 4, 129): "Ah! le méchant monde!".
5. *The Merry Wives* (III, 5, 3): "Va me chercher une pinte de vin d'Espagne". È il
solito Xérès prediletto da Falstaff, che Boito ha trasformato per esigenze di rima
("rubaldo") in "vin caldo". Ma poco oltre (III, 5, 25-26) Falstaff ordina a Bardolfo:
"va bellement me préparer un pot de vin chaud" (in Shakespeare Falstaff chiede del
buon vino).
6. *The Merry Wives* (III, 5, 4-6): "Ai-je donc vécu pour être emporté dans un panier,
comme le rebut d'une boucherie, et jeté à la Tamise?". I "pannilini biechi" è la
biancheria sporca, che in Shakespeare diventa lo spunto per una grande invenzione
verbale, trascurata da Boito. I "catellini ciechi" sono i cuccioli di cane appena nati.
7. *The Merry Wives* (III, 5, 15): "Une mort que j'abhorre; car l'eau enfle un homme".
8. Torna lo spunto del "Go thy ways, old Jack", qui usato in chiave patetica, e tratto
da *1 Henry IV* (II, 4, 124-29): "Va ton chemin, vieux Jack; meurs quand tu voudras; si
alors la virilité, la véritable virilité n'a pas disparu de la face de la terre, eh bien, je
suis un hareng saur". Il riferimento all'aringa affumicata è un modo di dire inglese.
9. *The Merry Wives* (III, 5, 19-20): "versons un peu de vin dans l'eau de la Tamise".

Buono. – Ber del vin dolce e sbottonarsi al sole,
Dolce cosa! – Il buon vino sperde le tetre fole
Dello sconforto, accende l'occhio e il pensier, dal labbro
Sale al cervel e quivi risveglia il picciol fabbro
Dei trilli; un negro grillo che vibra entro l'uom brillo.
Trilla ogni fibra in cor, l'allegro etere al trillo
Guizza e il giocondo globo squilibra una demenza
Trillante! E il trillo invade il mondo!!!...[10]

10. In *The Merry Wives* Quickly entra non appena Falstaff inizia a bere. Il monologo
sul vino è tratto da *2 Henry IV* (IV, 3, 85-121): è una lunga meditazione che Falstaff fa
dopo aver parlato con il principe John di Lancaster, uno dei figli del re Enrico IV, che
egli trova freddo e arido, tutt'affatto diverso dal fratello Henry principe di Galles,
compagno di bevute e di sollazzi; il fatto è che Lancaster non beve vino. Il monologo
di Boito è costruito sulla falsariga shakespeariana, ma con invenzioni verbali che sono
tipicamente boitiane. Nel libretto *Iràm*, scritto intorno al 1873, si legge:
Iràm (*inebbriato, ma non briaco, col bicchiere in mano, urtando i bicchieri*)
     Il mondo è un trillo / per l'uomo brillo,
     un trillo enorme / di suoni e forme,
     di flauti e cetere, / che scorre a vol
     dall'onda all'etere, / dai prati al sol.
Tutti (*urtando i bicchieri*)
     Per l'uomo brillo / il mondo è un trillo.

Falstaff, M.rs Quickly.
Poi nel fondo Alice, Nannetta, Meg, M.r Ford,
D.r Cajus *e* Fenton.

Quickly *(inchinandosi e interrompendo Falstaff)*
Reverenza.
La bella Alice...

Falstaff *(alzandosi e scattando)*
     Al diavolo te con Alice bella!
Ne ho piene le bisaccie! Ne ho piene le budella!

Quickly
Voi siete errato...

Falstaff
    Un canchero!! Sento ancor le cornate
Di quell'irco geloso![11] Ho ancor l'ossa arrembate[12]
D'esser rimasto curvo, come una buona lama
Di Bilbào, nello spazio d'un panierin di dama!
Con quel tufo![13] – E quel caldo! – Un uom della mia tempra,
Che in uno stillicidio continuo si distempra![14]
Poi, quando fui ben cotto, rovente, incandescente,
M'han tuffato nell'acqua. Canaglie!!!

(Alice, Meg, Nannetta, M.r Ford, D.r Cajus, Fenton sbucano dietro una casa, or l'uno
or l'altro spiando non visti da Falstaff e poi si nascondono, poi tornano a spiare)

Quickly
        Essa è innocente.
Prendete abbaglio.

11. Irco, cioè becco, il maschio della capra.
12. Arrembate, indebolite, e si dice soprattutto delle gambe.
13. Tufo, fetore.
14. *The Merry Wives* (III, 5, 105-06): "Un homme de ma trempe!...".

Falstaff

Vattene!![15]

Quickly *(infervorata)*

La colpa è di quei fanti[16]
Malaugurati! Alice piange, urla, invoca i santi.
Povera donna!! V'ama. Leggete.[17]

(estrae di tasca una lettera. Falstaff la prende e si mette a leggere)

Alice *(nel fondo sottovoce agli altri, spiando)*

(Legge.

Ford *(sottovoce)*

Legge.

Nannetta
Vedrai che ci ricasca.

Alice

L'uomo non si corregge.

Meg *(ad Alice)*
Nasconditi.

D.r Cajus

Rilegge.

Ford

Rilegge. L'esca inghiotte.)

---

15. PA: "scòstati".
16. Fanti, servitori.
17. In *The Merry Wives* Quickly invita di nuovo Falstaff in casa di Alice, perché suo marito andrà a caccia fra le nove e le dieci: sarà questa la seconda beffa della commedia. Nel libretto si passa invece direttamente alla terza beffa, sempre proposta dalla compiacente Quickly (IV, 5, 99-122; V, 1, 1-8), ma non con una lettera, bensì a voce, fuori scena. Gli spettatori conoscono già il tema dello scherzo, perché ne sono stati edotti nel corso di una precedente scena con le coppie Ford e Page (IV, 4, 28-38). Da questa scena sono tratte le parole della lettera che, nel libretto, Quickly consegna a Falstaff, e il cui testo viene poi ripreso da Alice.

Falstaff *(rileggendo ad alta voce e con molta attenzione)*
> *T'aspetterò nel parco Real, a mezzanotte.*
> *Tu verrai travestito da* Cacciatore nero
> *alla quercia di Herne.*

Quickly

                    Amor, ama il mistero.
Per rivedervi, Alice si val d'una leggenda
Popolar. Quella quercia è un luogo da tregenda.
Il *Cacciatore nero* s'è impeso ad un suo ramo.
V'ha chi crede vederlo ricomparir...

Falstaff *(rabbonito prende per un braccio M.rs Quickly e s'avvia per entrare con essa nell'osteria)*

                    Entriamo.
Là si discorre meglio. Narrami la tua frasca.[18]

Quickly *(incominciando il racconto della leggenda con mistero, entra nell'osteria con Falstaff)*
Quando il rintocco della mezzanotte...

---

18. Frasca, storiella, frottola.

Alice, Meg, Nannetta,
M.r Ford, D.r Cajus, Fenton.
Poi M.rs Quickly.

Ford *(dal fondo che avrà seguita la mossa di Falstaff)*
Ci casca.

Alice *(avanzandosi con tutto il crocchio, comicamente e misteriosamente ripigliando*
il racconto di M.rs Quickly)
Quando il rintocco della mezzanotte
Cupo si sparge nel silente orror,
Sorgon gli spirti vagabondi a frotte
E vien nel parco il nero Cacciator.
Egli cammina lento, lento, lento,
Nel gran letargo della sepoltura.
S'avanza livido...

Nannetta
Oh! che spavento!

Meg
Già sento il brivido della paura!

Alice *(con voce naturale)*
Fandonie che ai bamboli
Raccontan le nonne
Con lunghi preamboli,
Per farli dormir.

Alice, Nannetta e Meg
Vendetta di donne
Non deve fallir.

Alice *(ripigliando il racconto)*
S'avanza livido e il passo converge
Al tronco ove esalò l'anima prava.
Sbucan le Fate. – Sulla fronte egli erge
Due corna lunghe, lunghe, lunghe...

Ford

Brava!
Quelle corna saranno la mia gioia!

Alice *(a Ford)*

Bada! tu pur ti meriti
Qualche castigatoia!

Ford

Perdona. Riconosco i miei demeriti.

Alice

Ma guai se ancor ti coglie
Quella mania feroce
Di cercar dentro il guscio d'una noce
L'amante di tua moglie.
Ma il tempo stringe e vuol fantasia lesta.

Meg

Affrettiam.

Fenton

Concertiam la mascherata.

Alice

Nannetta.

Nannetta

Eccola qua!

Alice *(a Nannetta)*

Sarai la Fata
Regina delle Fate, in bianca vesta
Chiusa in candido vel, cinta di rose.[19]

---

19. *The Merry Wives* (IV, 4, 70-71): "Ma Nanette sera la reine des fées, – magnifique-
ment vêtue de blanc".

Nannetta

E canterò parole armoniose.

Alice *(a Meg)*

Tu la verde sarai Ninfa silvana,
E la comare Quickly una befana.

(scende la sera, la scena si oscura)

Nannetta

A meraviglia!

Alice

Avrò con me dei putti
Che fingeran folletti
E spiritelli
E diavoletti
E pipistrelli
E farfarelli.
Su Falstaff camuffato in manto e corni
Ci scaglieremo tutti
E lo tempesteremo
Finch'abbia confessata
La sua perversità.
Poi ci smaschereremo
E pria che il ciel raggiorni,
La giuliva brigata
Se ne ritornerà.

Nannetta

Vien sera.

Meg

Rincasiam.[20]

---

20. Nella PA "Vien sera" era affidato a Quickly, e "Rincasiam" a Meg. Poi entrambe le frasi passarono a Meg.

Alice

L'appuntamento
È alla quercia di *Herne*.

Fenton

È inteso.

Nannetta

A meraviglia!
Oh! che allegro spavento!

Alice, **Nannetta** e **Fenton** *(scambievolmente)*
Addio.

Meg *(a Nannetta e Alice)*
Addio.

> *(Alice, Nannetta, Fenton si avviano per uscire*
> *da sinistra – Meg da destra)*

Alice *(sul limitare a sinistra, gridando a Meg che sarà già avviata ad andarsene da destra)*
Provvedi le lanterne.

Meg

Sì.

> *(Alice, Nannetta, Fenton escono da sinistra; in questo momento*
> *M.rs Quickly esce dall'osteria e vedendo Ford e il D.r Cajus*
> *che parlano, sta ad origliare sulla soglia)*

Ford *(al D.r Cajus, parlandogli segretamente, vicino all'osteria)*
Non temer, tu sposerai mia figlia.
Rammenti bene il suo travestimento?[21]

---

21. In *The Merry Wives* il travestimento è doppio, poiché la madre di Anne vuole che lei sposi il D.r Cajus, e il padre invece il ricco Abraham Slender; Fenton, a sua volta, viene aiutato dall'Oste.

D.r Cajus
　　Cinta di rose, il vel bianco e la vesta.

Alice *(di dentro a sinistra gridando)*
　　Non ti scordar le maschere.

Meg *(di dentro a destra gridando)*
　　　　　　　　　No certo.
　　Né tu le raganelle!

Ford *(continuando il discorso col D.r Cajus)*
　　　　　　　Io già disposi
　　La rete mia. Sul finir della festa
　　Verrete a me col volto ricoperto
　　Essa dal vel, tu da un mantel fratesco
　　E vi benedirò come due sposi.

D.r Cajus *(prendendo il braccio di Ford ed avviandosi ad escire da sinistra)*
　　Siam d'accordo.

Quickly *(sul limitare dell'osteria con gesto accorto verso i due che escono)*
　　　　　(Stai fresco!)
　　(M.rs Quickly esce rapidamente da destra)

Quickly *(di dentro a destra gridando e sempre più allontanandosi)*
　　Nannetta! Ohè! Nannetta!
　　　Nannetta! Ohè!

Nannetta *(di dentro a sinistra, allontanandosi)*
　　Che c'è? Che c'è?

Quickly *(come sopra)*
　　Prepara la canzone della Fata.

Nannetta *(come sopra)*
　　È preparata.

Alice *(di dentro a sinistra)*
　　Tu, non tardar.

Quickly *(come sopra, più lontana)*

                Chi prima arriva, aspetta.

Atto terzo

Parte seconda

Il Parco di Windsor.
Nel centro la gran quercia di Herne. Nel fondo l'argine d'un fosso.
Fronde foltissime. Arbusti in fiore. È notte.
Si odono gli appelli lontani dei guardia-boschi.
Il parco a poco a poco si rischiarerà coi raggi della luna.[22]

Fenton poi Nannetta vestita da Regina delle Fate.
Alice non mascherata portando sul braccio una cappa e in mano una maschera.
M.rs Quickly in gran cuffia e manto grigio da befana, un bastone e un brutto ceffo
di maschera in mano. Poi Meg vestita con dei veli verdi e mascherata.

Fenton[23]

Dal labbro il canto estasiato vola
Pe' silenzi notturni e va lontano
E alfin ritrova un altro labbro umano
Che gli risponde colla sua parola.[24]

---

22. Fin dai primi giorni di lavoro, Boito tiene presente il "fantastico" della scena finale: "Anzitutto bisogna trar partito più che sia possibile dall'ultima scena la quale ha dei vantaggi. L'ambiente fantastico non mai stato toccato nel resto dell'opera può giovare, è una nota fresca, leggera e nuova" (7 luglio 1889).
23. Il "sonetto" di Fenton preoccupò a lungo entrambi gli autori. Boito: "Certo la canzone di Fenton è appicccicata per dare un assolo al tenore e questo è male. Vogliamo toglierla?" (7 luglio 1889). Verdi: "Sono impensierito pel *Sonetto*; non perché m'importi molto del pezzo del quale *à la rigueur* si potrebbe, anche come azione, fare senza; ma perché quello squarcio mi dà un colore nuovo nel componimento musicale, e completa il carattere di Fenton" (21 dicembre 1892).
24. Nel libretto *Iràm*, già ricordato per le molte assonanze con il testo del *Falstaff*, si legge (II, 6):
    Il labbro vola del labbro all'esca,
    Nota e parola cantan d'amor.
    Alla parola par che si mesca
    Un'aura fresca di veli e fior.

Allor la nota che non è più sola
Vibra di gioia in un accordo arcano[25]
E innamorando l'aer antelucano
Con altra voce al suo fonte rivola.

Quivi ripiglia suon, ma la sua cura
Tende sempre ad unir chi lo disuna.[26]
Così baciai la disiata bocca!

Bocca baciata non perde ventura.

Nannetta *(di dentro, lontana e avvicinandosi)*
Anzi rinnova come fa la luna.

Fenton *(slanciandosi verso la parte dove udì la voce)*
Ma il canto muor nel bacio che lo tocca.

       (Fenton vede Nannetta che entra e la abbraccia)

Alice *(dividendo Fenton da Nannetta e obbligandolo a vestire la cappa nera)*
Nossignore! – Tu indossa questa cappa.

Fenton *(aiutato da Alice e Nannetta ad indossare la cappa)*
Che vuol dir ciò?

Nannetta *(aggiustandogli il cappuccio)*
       Lasciati fare.

Alice *(porgendo la maschera a Fenton)*
            Allaccia.

Nannetta *(rimirando Fenton)*
È un fraticel sgusciato dalla Trappa.

---

25. PA: "accento arcano", invece di "accordo arcano".
26. Dal verbo "disunare", separarsi: neologismo dantesco per esprimere il mistero trinitario: "Quella viva luce che sì mea / dal suo lucente, che non si disuna / da lui né dall'amor ch'a lor s'intrea" (Par. XIII, 55-57).

Alice *(alle compagne)*

Il tradimento che Ford ne minaccia
Tornar deve in suo scorno e in nostro aiuto.

Fenton

Spiegatevi.

Alice

Ubbidisci presto e muto.
L'occasione come viene scappa.

(a M.rs Quickly)

Chi vestirai da finta sposa?

Quickly

Un gaio
Ladron nasuto
Che abborre il Dottor Cajo.

Meg *(accorrendo dal fondo, ad Alice)*

Ho nascosto i folletti lungo il fosso.[27]
Siam pronte.

Alice *(origliando)*

Zitto.[28] – Viene il pezzo grosso.

Via!...

(tutte fuggono con Fenton da sinistra)

---

27. PA: "ho nascosto i folletti dietro al fosso"; la dizione "lungo il fosso", proposta da Boito il 27 settembre 1892, venne accettata da Verdi, che però non corresse la partitura.
28. PA: "zitti".

Falstaff con due corna di cervo in testa
e avviluppato in un ampio mantello.
Poi *Alice*. Poi *Meg*.
Mentre Falstaff entra in scena suona la mezzanotte.

Falstaff

Una, due, tre, quattro, cinque, sei, sette botte,
Otto, nove, dieci, undici, dodici. – Mezzanotte.
Questa è la quercia. – Numi proteggetemi! – Giove!
Tu per amor d'Europa ti trasformasti in bove;
Portasti corna.[29] – I numi c'insegnan la modestia.[30]
L'amore metamorfosa un uomo in una bestia.[31]

(ascoltando)

Odo un soave passo!

(Alice compare nel fondo)
Alice! Amor ti chiama!
(avvicinandosi ad Alice)
Vieni! l'amor m'infiamma!

Alice *(avvicinandosi a Falstaff)*
Sir John!

Falstaff

Sei la mia dama!

Alice

Sir John!

---

29. *The Merry Wives* (V, 5, 3-4): "Souviens-toi, Jupin, que tu fus un taureau pour ton Europe; l'amour t'imposa des cornes".
30. PA: "i numi c'insegnan la modestia" è scritto fra parentesi, come un'osservazione detta a parte; e la musica sottolinea perfettamente questa intenzione.
31. *The Merry Wives* (V, 5, 4-6): "Oh! puissance de l'amour qui, dans certains cas, fait d'une bête un homme, et, dans d'autres, d'un homme une bête!".

Falstaff *(afferrandola)*
Sei la mia damma!³²

Alice
O sfavillante amor!

Falstaff *(attirandola a sé con ardore)*
Vieni! Già fremo e fervo!

Alice *(sempre evitando l'abbraccio)*
Sir John!

Falstaff
Sono il tuo servo!
Sono il tuo cervo imbizzarrito. Ed or
Piovan tartufi, rafani e finocchi!!!
E sien la mia pastura!
E amor trabocchi!³³
Siam soli...

---

32. Alice, nel testo inglese, si rivolge a Falstaff chiamandolo "my deer, my male deer" (V, 5, 16-17), mio cervo, mio viril cervo, sfruttando l'identità di pronuncia fra "deer", cervo, e "dear", caro. F.-V. Hugo risolve così: "Sir John! Es-tu là, mon cerf, mon mâle chéri?". Boito, molto brillantemente, toglie ad Alice il riferimento al cervo, e lo passa a Falstaff, che prima la chiama "dama", poi "damma", daino.
33. Al giungere di Alice, Falstaff esplode dicendo che non si staccherà più da lei, e invoca dal cielo la caduta di una serie di oggetti capaci di stuzzicare la sessualità. In Shakespeare sono patate (che gl'inglesi considerano afrodisiache), la canzone d'amore "Greensleeves" su parole di Philip Sidney, caramelle profumate che le donne usano prima dell'amplesso per avere il fiato dolce, e radici di "Eryngium maritimum" fortemente diuretiche. F.-V. Hugo traduce letteralmente, e il senso dell'invenzione shakespeariana si perde. Boito con molta abilità modifica la situazione, e inventa una serie di vegetali che possano stuzzicare l'appetito del cervo in cui ormai Falstaff si è identificato (da notare anche la squillante sequenza "fremo-fervo-servo-cervo"); ma sono vegetali che hanno tutti qualche riferimento nell'ambito della sessualità: il tartufo, simbolo del moralismo che nasconde la lascivia; il rafano dalla polpa piccante, quindi convenzionalmente afrodisiaco; il finocchio, simbolo della pederastia. "Più spesso che non si creda il Boito offre delle traduzioni eccellenti del testo shakespeariano" (Gabriele Baldini).

Alice

No. Qua nella selva densa
Mi segue Meg.

Falstaff

È doppia l'avventura!
Venga anche lei! Squartatemi
Come un camoscio a mensa!!
Sbranatemi!!! – Cupìdo
Alfin mi ricompensa![34]
Io t'amo! t'amo!

Meg *(di dentro)*
Aiuto!!!

Alice *(fingendo spavento)*
Un grido!
Ahimè!

Meg *(dal fondo, senza avanzare – non ha la maschera)*
Vien la tregenda!
(fugge)

Alice *(come sopra)*
Ahimè! Fuggiamo!

Falstaff *(spaventato)*
Dove?

Alice *(fuggendo da destra rapidissimamente)*
Il cielo perdoni al mio peccato![35]

---

34. The Merry Wives (V, 5, 24-30): "Partagez-moi comme un daim qu'on dépèce; chacune une hanche! [...] Allons, Cupido est cette fois un garçon de conscience: il me dédommage".
35. The Merry Wives (V, 5, 32): "Le ciel nous pardonne nos péchés!".

Falstaff *(appiattandosi accanto al tronco della quercia)*
Il diavolo non vuol ch'io sia dannato.[36]

Nannetta *(di dentro)*
Ninfe! Elfi! Silfi! Doridi! Sirene![37]
L'astro degli incantesimi in cielo è sorto.
(comparisce nel fondo fra le fronde)
Sorgete! Ombre serene!

Falstaff *(gettandosi colla faccia contro terra, lungo disteso)*
Sono le Fate. Chi le guarda è morto.[38]

36. *The Merry Wives* (V, 5, 35): "Je crois que le diable ne veut pas que je sois damné".
37. *The Merry Wives* (V, 5, 38-39): "Fées noires, grises, vertes et blanches, – vous, joyeuses du clair de lune, ombres de la nuit". Ninfe: dee che popolano i boschi, i ruscelli, i monti, il mare; Elfi: folletti che rappresentano le forze elementari della natura; Silfi: geni dell'aria, per lo più malefici; Doridi: ninfe marine, per derivazione da Doride, figlia di Oceano e Teti; Sirene: figure mitologiche in forma di donna giovane nella parte superiore del corpo, e di uccello in quella inferiore.
38. *The Merry Wives* (V, 5, 48): "Ce sont des fées; quiconque leur parle est mort"; quindi Falstaff si sdraia con la faccia contro terra. Verdi, durante le prove dell'opera, annota: "Falstaff resta in questa scena sdraiato per terra in una posizione incomoda per più di cinque minuti! Può esser difficile!"

Nannetta vestita da Regina delle Fate.[39]

Meg da Ninfa verde, colla maschera. *M.rs Quickly* da befana,
mascherata. *Alice* colla maschera. *Bardolfo* in cappa rossa,
senza maschera, col cappuccio calato. *Pistola* da satiro.

Il *D.r Cajus* in cappa grigia, senza maschera. *Fenton* in cappa nera, mascherato.

M.r Ford senza cappa, né maschera.

Ragazzette vestite da Fate bianche e da Fate azzurre.

39. In occasione della prima rappresentazione del *Falstaff* in francese a Parigi, il 18
aprile 1894, all'Opéra-Comique, Verdi modificò questa scena, facendo entrare solo
Nannetta e Alice con le Fate, e creando un breve dialogo prima dell'inizio della
Canzone di Nannetta; solo al termine della Canzone entrano tutti gli altri personaggi.
Il testo del breve dialogo, che Boito scrisse dapprima in francese e poi adattò in
italiano, è il seguente.

Nannetta vestita da Regina delle Fate.

Alice; alcune Ragazzette vestite da Fate bianche e da Fate azzurre.

Falstaff sempre disteso contro terra, immobile.

Alice *(sbucando cautamente da sinistra con alcune Fate)*
Inoltriam.

Nannetta *(sbucando a sinistra con altre Fate e scorgendo Falstaff)*
Egli è là.

Alice *(scorge Falstaff e lo indica alle altre)*
Steso al suol.

Nannetta

Lo confonde

Il terror.

(tutte si inoltrano con precauzione)

Le Fate
Si nasconde.

Alice
Non ridiam!

Le Fate
Non ridiam!

Nannetta *(indicando alle Fate il loro posto, mentre Alice parte rapidamente da sinistra)*
Tutte qui, dietro a me.

Cominciam.

Le Fate
Tocca a te.

(le piccole Fate si dispongono in cerchio intorno alla loro Regina:
le Fate più grandi formano gruppo a sinistra)

Altre Fate e Ninfe, Spiritelli, Diavoli.
Falstaff sempre a terra colla faccia rivolta verso il suolo, immobile.

Le piccole Fate si dispongono in cerchio intorno alla loro Regina.
Le Fate più grandi formano un secondo cerchio.
Tutti gli uomini formano un crocchio a destra
e le donne un crocchio a sinistra.

La Regina delle Fate

Sul fil d'un soffio etesio[40]
Scorrete agili larve,
Fra i rami un baglior cesio[41]
D'alba lunare apparve.

Danzate! e il passo blando
Misuri un blando suon,[42]
Le magiche accoppiando
Carole alla canzon.

Le Fate

La selva dorme e sperde
Incenso ed ombra; e par
Nell'aer denso un verde
Asilo in fondo al mar.

La Regina delle Fate

Erriam sotto la luna
Scegliendo fior da fiore,
Ogni corolla in core
Porta la sua fortuna.

40. Gli etesi sono venti che in estate spirano da nord sul Mare Egeo, e determinano la particolare limpidezza di quel cielo.
41. Cesio, di colore azzurro chiaro, celeste.
42. PA: "misuri il blando suon".

Coi gigli e le viole
Scriviam dei nomi arcani,
Dalle fatate mani
Germoglino parole.
Parole alluminate
Di puro argento e d'or,
Carmi e malìe. Le Fate
Hanno per cifre i fior.

Le Fate (*mentre le piccole Fate vanno cogliendo fiori*)
Moviamo ad una ad una
Sotto il lunare albor,
Verso la quercia bruna[43]
Del nero Cacciator.

(*tutte le Fate colla Regina mentre cantano si avviano lentamente
verso la quercia*)[44]

Bardolfo (*intoppando nel corpo di Falstaff e arrestando tutti con un gesto*)
Alto là!

Pistola (*accorrendo*)
Chi va là?

Falstaff
Pietà!

---

43. PA: "verso la selva bruna". *The Merry Wives* (V, 5, 75-77): "mais jusqu'à une heure, – n'oublions pas de danser notre ronde coutumière – autour du chêne de Herne le chasseur". Le danze delle Fate si ispirano alla simbologia dell'Ordine della Giarrettiera, e al tempo della prima rappresentazione di *The Merry Wives* furono probabilmente eseguite dai coristi della St. George's Chapel di Windsor.
44. Nella nuova sistemazione del libretto dopo le rappresentazioni parigine (vedi sopra, nota n. 39), a questo punto viene inserita la didascalia per l'ingresso dei personaggi non ancora in palcoscenico: "Dal fondo a sinistra sbucano: *Alice* mascherata, *Meg* da Ninfa verde colla maschera, *M.rs Quickly* da befana, mascherata. Sono precedute da *Bardolfo* vestito con una cappa rossa, senza maschera, col cappuccio abbassato sul volto e da *Pistola* da satiro. Seguono: il *D.r Cajus* in cappa grigia, senza maschera, *Fenton* in cappa nera, colla maschera, *Ford* senza cappa, né maschera. Parecchi borghesi in costumi fantastici chiudono il corteggio e vanno a formare gruppo a destra. Nel fondo altri mascherati portano lanterne di varie foggie".

Quickly *(toccando Falstaff col bastone)*

C'è un uomo!

Alice, **Nannetta**, **Meg**
C'è un uom!

Coro

Un uom!

Ford *(che sarà accorso vicino a Falstaff)*

Cornuto come un bue!

Pistola
Rotondo come un pomo!

Bardolfo
Grosso come una nave!

Pistola e **Bardolfo** *(toccando Falstaff col piede)*
Alzati olà!

Falstaff *(alzando la testa)*
Portatemi una grue!
Non posso.

Ford

È troppo grave.

Quickly
È corrotto!

Coro

È corrotto!

Alice, **Meg**, **Nannetta**

È impuro!

Coro

È impuro!

Bardolfo *(con dei gran gesti da stregone)*
    Si faccia lo scongiuro!

Alice *(in disparte a Nannetta, mentre il D.r Cajus s'aggira come chi cerca qualcuno.*
Fenton e Quickly nascondono Nannetta colle loro persone)
    (Evita il tuo periglio.
    Già il Dottor Cajo ti cerca.[45]

Nannetta

                                Troviamo
    Un nascondiglio.
    (s'avvia con Fenton nel fondo della scena, protetta da Alice e da Quickly)

Quickly
    Poi tornerete lesti al mio richiamo.)[46]

Bardolfo *(continuando i gesti di scongiuro sul corpo di Falstaff)*[47]
                    Spiritelli! Folletti!
            Farfarelli! Vampiri! Agili insetti
            Del palude infernale! Punzecchiatelo!
                    Orticheggiatelo!
                    Martirizzatelo
                    Coi grifi aguzzi!
    (accorrono velocissimi alcuni ragazzi vestiti da folletti,
                e si scagliano su Falstaff)

Falstaff *(a Bardolfo)*
                Ahimè! tu puzzi
            Come una puzzola.

Folletti *(addosso a Falstaff spingendolo e facendolo ruzzolare)*
            Ruzzola, ruzzola, ruzzola, ruzzola!

---

45. PA: "il Dottor Cajo ti cerca".
46. PA: "poi tornerete presto al mio richiamo".
47. Tutto l'episodio della punzecchiatura di Falstaff è tratto da *The Merry Wives*, ma risulta molto ampliato.

Alice, Quickly, Meg

> Pizzica, pizzica,[48]
> Pizzica, stuzzica,
> Spizzica, spizzica,
> Pungi, spilluzzica,
> Finch'egli abbài!

Falstaff

> Ahi! Ahi! Ahi! Ahi!

Folletti e Diavoli

> Scrolliam crepitacoli
> Scarandole e nacchere![49]
> Di schizzi e di zacchere
> Quell'otre si macoli.
> Meniam scorribandole,
> Danziamo la tresca,
> Treschiam le faràndole
> Sull'ampia ventresca.
> Zanzare ed assilli[50]
> Volate alla lizza
> Coi dardi e gli spilli!
> Ch'ei crepi di stizza!

Alice, Meg, Quickly

> Pizzica, pizzica,
> Pizzica, stuzzica,

---

48. Il "Pizzica, pizzica" si ispira molto liberamente a una canzone delle fate, che con il suo gioco di allitterazioni può avere direttamente ispirato l'invenzione di Boito (V, 5, 100-03):

> [...]
> Pinch him, fairies, mutually;
> pinch him for his villainy;
> pinch him, and burn him, and turn him about,
> till candles and starlight and moonshine be out.

49. Vari strumenti a percussione.
50. Gli assilli sono i tafani.

Spizzica, spizzica,
Pungi, spilluzzica,
Finch'egli abbài!

Falstaff

Ahi! Ahi! Ahi! Ahi!

Folletti

Cozzalo, aizzalo
Dai piè al cocuzzolo!
Strozzalo, strizzalo!
Gli svampi l'uzzolo!
Pizzica, pizzica, l'unghia rintuzzola!
Ruzzola, ruzzola, ruzzola, ruzzola!

(fanno ruzzolare Falstaff verso il proscenio)

D.r Cajus e Ford

Cialtron![51]

Pistola e Bardolfo

Poltron!
Ghiotton!

Tutti gli Uomini

Pancion!
Beòn!

---

51. La sequela d'insulti rivolta a Falstaff deriva molto liberamente da un episodio di *I Henry IV*, quando per celia il principe di Galles finge di essere il proprio padre Enrico IV che lo mette in guardia dall'avere un amico così scellerato come Falstaff (II, 4, 440-53; trad. Rusconi): "V'è un demone sotto forma di pingue vecchio, uomo-botte con cui tu stai, e del quale ti sei fatto un compagno. Perché eleggesti a socio un tal sacco di fetidi umori, una tal valigia d'ipocrisia, un tal bue che rappresenta l'iniquità in capelli grigi, un tal malandrino che, sebbene decrepito, compiacesi pure nelle follie? A chi giova egli? Ad assaggiare e tracannar vino. A che è proprio? A rompere e mangiare un pollo. Quale scienza ha? La frode e l'astuzia. In che è dotto? In ciò che è vizio e malvagità. Quali difetti gli appartengono? Tutti. Quali virtù? Nessuna".

Briccon!
In ginocchion!
(lo alzano in quattro e lo obbligano a star ginocchioni)

Ford

Pancia ritronfia!

Alice

Guancia rigonfia!

Bardolfo

Sconquassa-letti!

Quickly

Spacca-farsetti!

Pistola

Vuota-barili!

Meg

Sfonda-sedili!

D.r Cajus

Sfianca-giumenti!

Ford

Triplice mento!

Bardolfo e **Pistola**

Di' che ti penti!
(Bardolfo prende il bastone di Quickly e dà una bastonata a Falstaff)

Falstaff

Ahi! Ahi! mi pento!

Tutti gli Uomini

Uom frodolento!

Falstaff

Ahi! Ahi! mi pento!

Gli Uomini

Uom turbolento!

Falstaff

Ahi! Ahi! mi pento!

Gli Uomini

Capron!
Scroccon!
Spaccon!

Falstaff

Perdon!

Bardolfo *(colla faccia vicinissima alla faccia di Falstaff)*
Riforma la tua vita!

Falstaff

Tu puti d'acquavite.

Tutte le Donne
Domine fallo casto!

Falstaff

Ma salvagli l'addomine.

Le Donne
Domine fallo guasto!

Falstaff

Ma salvagli l'addomine.

Le Donne
Fallo punito, Domine!

Falstaff

Ma salvagli l'addomine!

Le Donne
Fallo pentito, Domine!

Falstaff

Ma salvagli l'addomine.

D.r Cajus, **Ford**, **Bardolfo**, **Pistola**
Globo d'impurità!
Rispondi.

Falstaff

Ben mi sta.

D.r Cajus, **Ford**, **Bardolfo**, **Pistola**
Monte d'obesità!
Rispondi.

Falstaff

Ben mi sta.

D.r Cajus, **Ford**, **Bardolfo**, **Pistola**
Otre di malvasia!
Rispondi.

Falstaff

Così sia.

Bardolfo

Re dei panciuti!

Falstaff

Va' via, tu puti.

Bardolfo

Re dei cornuti!

Falstaff

Va' via, tu puti.

Tutti *(Pistola gli dà un colpo di frusta)*
>>> Furfanteria!

Falstaff
>>>>>> Ahi! Così sia.

Tutti
>>> Gagliofferia!

Falstaff
>>>>>> Ahi! Così sia.

Bardolfo
>> Ed or che il diavolo ti porti via!!!
>>> *(nella foga del dire gli casca il cappuccio)*

Falstaff *(rialzandosi)*
>>> Nitro! Catrame e solfo!!!
>>> Riconosco Bardolfo![52]
>>> *(violentissimamente contro Bardolfo)*
>>> Naso vermiglio!
>>> Naso-bargiglio!
>>> Puntùta lesina!
>>> Vampa di resina!
> Salamandra! *Ignis fatuus*! Vecchia alabarda! Stecca
> Di sartore! Schidion d'inferno! Aringa secca!
>>> Vampiro! Basilisco!
>>> Manigoldo! Ladrone!
>>> Ho detto. E se mentisco
> Voglio che mi si spacchi il cinturone!!!!

---

52. In *The Merry Wives* tutto il finale, da quando le Fate cominciano a punzecchiarlo, vede Falstaff sempre meno in primo piano, con poche e insignificanti battute. Boito, con lo stimolo di Verdi, è riuscito a trovare nuovi spunti, come il riconoscimento di Bardolfo.

Tutti

    Bravo!

Falstaff

    Un poco di pausa. – Sono stanco.

Quickly *(che si trova vicino a Bardolfo, gli dice a bassa voce)*
    (Vieni. Ti coprirò col velo bianco.)
    (mentre il D.r Cajus ricomincia a cercare e cercando esce, dalla parte
    opposta, Quickly e Bardolfo scompaiono dietro gli alberi del fondo)

Ford *(con un inchino ironico, avvicinandosi a Falstaff)*
    Ed or, mentre vi passa la scalmana,
    Sir John, dite: il cornuto
    Chi è?[53]

Alice e **Meg** *(che si saranno avvicinate, ironicamente a Falstaff smascherandosi)*
    Chi è?

Alice

    Vi siete fatto muto?

Falstaff *(dopo un primo istante di sbalordimento andando incontro a Ford)*
    Caro signor Fontana!

Alice *(interponendosi)*
    Errate nel saluto.
    Questi è Ford mio marito.

Quickly

               Cavaliero,[54]
    Voi credeste due donne così grulle,
    Così citrulle,

---

53. *The Merry Wives* (V, 5, 110): "Eh bien, messire, qui donc est cocu à présent?".
54. All'ironico "Cavaliero" di Quickly, nel canto Falstaff si unisce a lei facendole il verso, "Reverenza".

Da darsi anima e corpo all'Avversiero,[55]
Per un uom vecchio, sudicio ed obeso...

Meg

Con quella testa calva...

Alice, **Meg** e **Quickly**

E con quel peso!

Ford

Parlano chiaro.

Falstaff

Incomincio ad accorgermi
D'esser stato un somaro.[56]

Alice

E un cervo.

Ford

E un bue.

Tutti *(ridendo)*

Ah! Ah!

Ford

E un mostro raro!

Falstaff *(che avrà riacquistata la sua calma)*
Ogni sorta di gente dozzinale
Mi beffa e se ne gloria;
Pur, senza me, costor con tanta boria
Non avrebbero un bricciolo di sale.

---

55. Anche in *Re Orso* Boito chiama il diavolo "l'eterno Avversiero".
56. PA: "or comincio". *The Merry Wives* (V, 5, 120): "Je commence à m'apercevoir que j'ai été un âne".

Son io che vi fa scaltri.
L'arguzia mia crea l'arguzia degli altri.[57]

Tutti

Ma bravo!

Ford

     Per gli Dei!
Se non ridessi ti sconquasserei!
Ma basta. – Ed or voglio che m'ascoltiate.[58]
Coronerem la mascherata bella
Cogli sponsali della
Regina delle Fate.

    (il D.r Cajus e Bardolfo vestito da Regina delle Fate col viso

  coperto da un velo s'avanzano tenendosi per mano. Il D.r Cajus ha

           la maschera sul volto)
Già s'avanza la coppia degli sposi.[59]
Attenti!

---

57. Questo commento di Falstaff è presente, in qualche modo, in *The Merry Wives*, quando egli mostra un malinconico rincrescimento per le burle di cui è stato oggetto, soprattutto in quanto provengono da Hugh Evans, un gallese che balbetta e storpia la lingua inglese (V, 5, e 138-39 e 143-44; trad. Rusconi): "Così sono abbastanza vissuto per servir di sollazzo ad un uomo che balbetta! [...] Una capra gallese sarà dunque fatta mia precettrice? Dovrò io coprirmi col berretto del pazzo?". Ma è stato tenuto presente soprattutto un passo di *2 Henry IV* che introduce il tema dell'arguzia, della quale Falstaff non solo è artefice, ma anche stimolatore (I, 2, 6-10): "Les gens de toute espèce se font gloire de me narguer. La cervelle de ce stupide tas de boue, qu'on appelle l'homme, ne saurait concevoir rien de risible qui ne soit inventé par moi ou sur moi. Je ne suis pas seulement spirituel par moi-même, mais je suis cause de tout l'esprit qu'ont les autres hommes".
58. PA: "ed or vo' che m'ascoltiate", dizione definitivamente adottata.
59. Queste battute sono diverse nelle successive edizioni del libretto, ma sono così nella PA e negli spartiti in uso. Ecco il testo modificato del libretto:

Ford	Già s'avanza il corteggio nuziale.
	È dessa.
Tutti	Attenti!
Ford	Ha il serto virginale.
	Circondatela, o Ninfe!

Tutti

Attenti!

Ford

Eccola in bianca vesta
Col velo e il serto delle rose in testa
E il fidanzato suo ch'io le disposi.
Circondatela, o Ninfe!

*(il D.r Cajus e Bardolfo si collocano nel mezzo; le Fate grandi
e piccole li circondano)*

Alice *(presentando Nannetta e Fenton entrati da pochi istanti. Nannetta ha un gran
velo celeste e fitto che la copre tutta. Fenton ha la maschera e la cappa)*

Un'altra coppia
D'amanti desiosi
Chiede d'essere ammessa agli augurosi
Connubi!

Ford

E sia. Farem la festa doppia.[60]
Avvicinate i lumi.
(i folletti guidati da Alice si avvicinano colle loro lanterne)

Il ciel v'accoppia.

(Ford è davanti alle due coppie)

*(Alice prenderà in braccio il più piccolo dei ragazzetti
che sarà mascherato da spiritello,
e farà in modo che la lanterna che tiene in mano
illumini in pieno la faccia di Bardolfo appena questi resterà
senza il velo che lo nasconde.
Un altro spiritello guidato da Meg illuminerà Nannetta e Fenton)*

---

60. In *The Merry Wives* i matrimoni sono tre, e l'articolazione della scena è molto più complessa.

Ford
Giù le maschere e i veli. – Apoteosi!
*(al comando di Ford rapidamente Fenton e il D.r Cajus
si tolgono la maschera.
Nannetta si toglie il velo e Quickly toglie il velo a Bardolfo:
tutti rimangono a viso scoperto)*

Tutti *(ridendo, tranne Ford, il D.r Cajus e Bardolfo)*
Ah! Ah! Ah! Ah!

D.r Cajus *(riconoscendo Bardolfo, immobilizzato dalla sorpresa)*
Spavento!

Ford
Tradimento!

Gli altri *(ridendo)*
Apoteosi!

Ford *(guardando l'altra coppia)*
Fenton con mia figlia!!!

D.r Cajus *(esterrefatto)*
Ho sposato Bardolfo!!

Tutti
Ah! Ah!

D.r Cajus
Spavento!

Le Donne
Vittoria!

Tutti *(tranne Cajus e Ford)*
Evviva! Evviva!

Ford *(ancora sotto il colpo dello stupore)*
Oh! meraviglia!

Alice *(avvicinandosi a Ford)*
L'uom cade spesso nelle reti ordite
Dalle malizie sue.

Falstaff *(avvicinandosi a Ford con un inchino ironico)*
Caro buon Messer Ford, ed ora, dite:
Lo scornato chi è?[61]
Ford *(accenna al D.r Cajus)*
Lui.

D.r Cajus *(accenna a Ford)*
Tu.

Ford
No.

D.r Cajus
Sì.

Bardolfo *(accenna a Ford e al D.r Cajus)*
Voi.

Fenton *(accenna pure a D.r Cajus e Ford)*
Lor.

D.r Cajus *(mettendosi con Ford)*
Noi.

Falstaff
Tutti e due.

Alice *(mettendo Falstaff con Ford e D.r Cajus)*
No. Tutti e tre.

61. Il libretto di Boito *Iràm* ha molte somiglianze con il *Falstaff*, nella versificazione e nella trama: un uomo che ama bere, una burla che viene ordita ai suoi danni, e poi si risolve in una beffa a chi l'ha ordita. Dice il protagonista (II, 6): "Dei due, chi è quel che beffa? Dei due, chi è quel ch'inganna?".

(a Ford mostrando Nannetta e Fenton)
Volgiti e mira quelle ansie leggiadre.

Nannetta *(a Ford giungendo le mani)*
Perdonateci, padre.

Ford

Chi schivare non può la propria noia
L'accetti di buon grado.[62]
Facciamo il parentado
E che il ciel vi dia gioia.

Tutti *(tranne D.r Cajus)*
Evviva!

Falstaff

Un coro e terminiam la scena.

Ford

E poi con Falstaff, tutti, andiamo a cena.[63]

Tutti

Tutto nel mondo è burla.[64]
L'uom è nato burlone,
La fede in cor gli ciurla,
Gli ciurla la ragione.

---

62. *The Merry Wives* (V, 5, 234): "Ce qui ne peut être évité doit être accepté".
63. PA: "poi con Sir Falstaff, tutti, andiamo a cena".
64. Il testo della fuga finale subì molte varianti, e alcune, adottate da Verdi nella musica, non passarono nel libretto. Il testo effettivamente musicato è il seguente:

Tutto nel mondo è burla.
L'uom è nato burlone.
Nel suo cervello ciurla
Sempre la sua ragione.
Tutti gabbati! Irride
L'un l'altro ogni mortal,
Ma ride ben chi ride
La risata final.

Tutti gabbati! Irride
L'un l'altro ogni mortal,
Ma ride ben chi ride
La risata final.[65]

(cala la tela.)

---

65. Il 20 agosto 1889, appena informato da Verdi che egli stava scrivendo una "fuga buffa" per il *Falstaff* non ancora iniziato, Boito gli scrisse: "Una fuga burlesca è quella che ci vuole, non mancherà il posto di collocarla. I giuochi dell'arte sono fatti per l'arte giocosa".

INGRAF s.r.l. - Via Monte S. Genesio 7 - Milano
Stampato in Italia - Printed in Italy - Imprimé en Italie 1997